ブックレット《アジアを学ぼう》40

東　智美

ラオス焼畑民の暮らしと土地政策

「森」と「農地」は分けられるのか

風響社

地図 1　パクベン郡の位置

出所：National Agricultural and Forestry Research Institute（2007）

地図 2　ホアイカセン川水源林と対象村（2007）

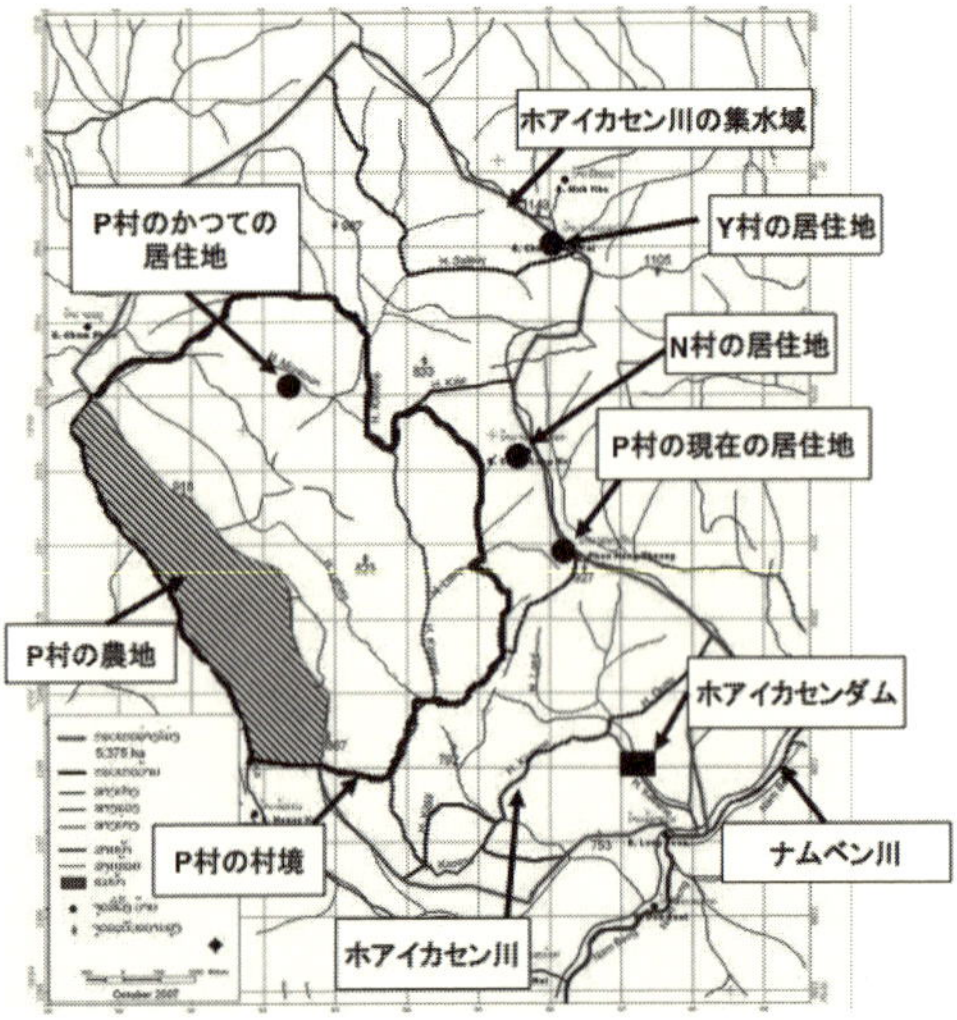

※P 村のかつての居住地は、村人からの聞き取りより、大まかな場所を推定した。
※居住地の移転後も、村の領地自体はほとんど変更されなかった。
出所：メコン・ウォッチ作成（2007）

地図 3　チョムレンヤイ村の 2000 年の土地・森林区分地図

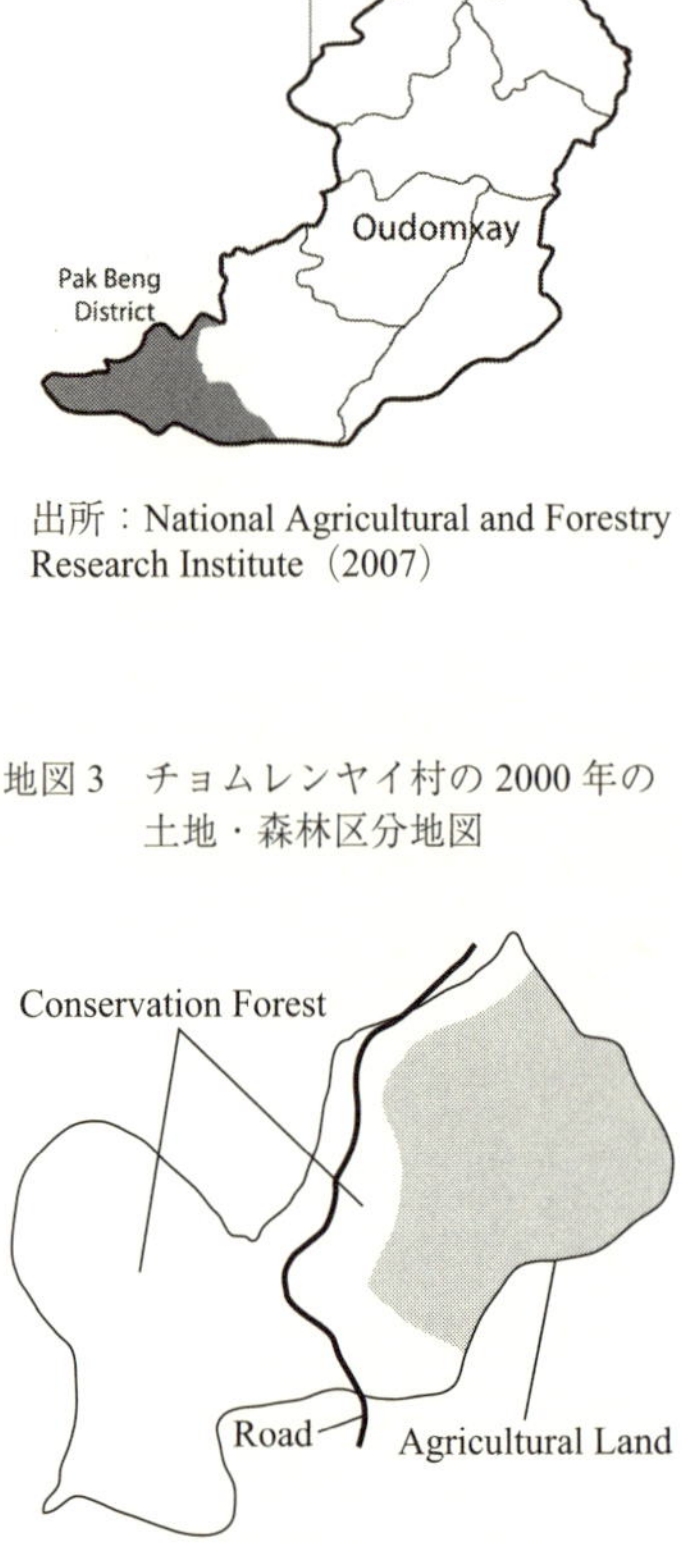

出所：Phengsopha and Morimoto［2003: 9］

地図 4　Y 村の 2008 年の土地・森林区分地図

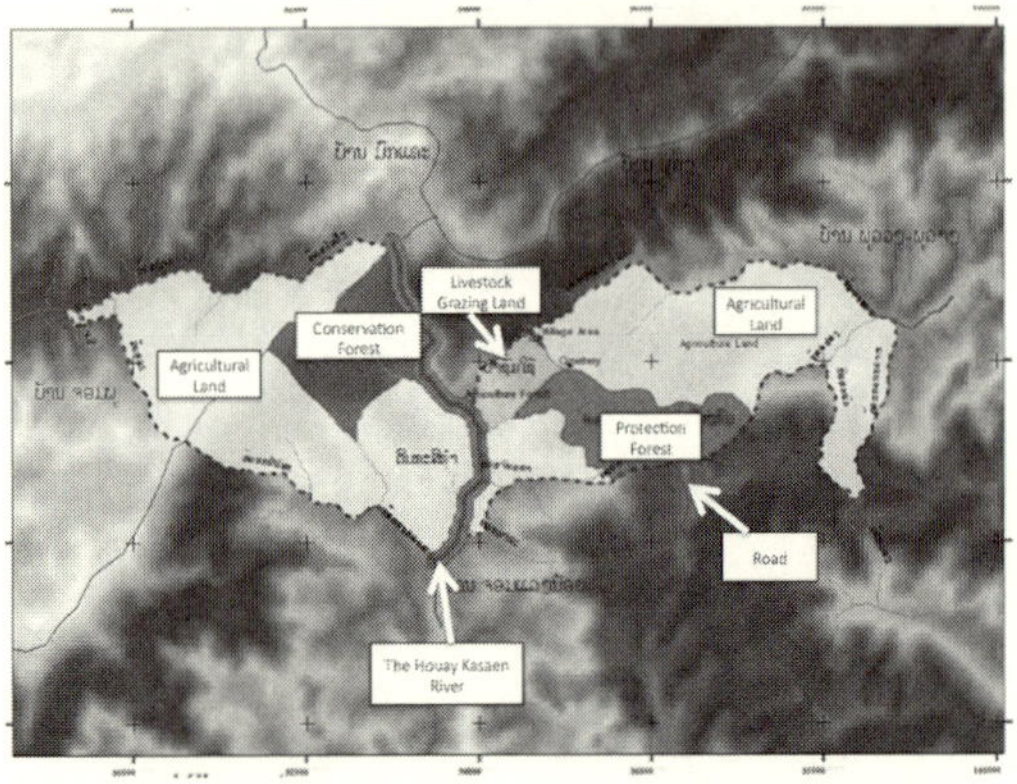

出所：パクベン郡農林事務所の地図より筆者作成

ラオス焼畑民の暮らしと土地政策――「森」と「農地」は分けられるのか

東　智美

はじめに

　ある年の一一月、ラオス北部の山岳部で、その年の収穫を終えたばかりの村人に「来年はどこで焼畑をするの？」と尋ねたことがある。すると「まだ分からないよ。二月頃になったら村で話し合って決めるんだ」という答えが返ってきた。当時、焼畑耕作についてあまりなじみがなかった筆者は、この答えに戸惑った。数ヶ月後に自分たちが耕す農地の場所が分からないとはどういうことなのだろう。

　焼畑とは、山肌の草木を伐採し、農地を拓き、火入れをして整地し、作物栽培を短期間行う農法である。通常、収穫を終えた後の農地は放置され、休閑期間を経て植生が回復すると、再び作物栽培に利用される。火入れを行うことで、土壌の改良や種子や腋芽《えきが》の休眠覚醒、雑草、害虫、病原体を取り除く効果があるとされている。

　日本では、古くは縄文時代から行われてきた歴史を持ち、縄文時代の遺跡からは、蕎麦、麦、緑豆などの種子が発見されている。かつては西日本全域、日本海沿岸地域を中心に、日本全域で行われていた焼畑だが、江戸時代中後期になると山火事等の保安上の理由や山林資源の保全のために禁止・制限されるようになり、明治三一年に施行された国有林施業案の影響により焼畑を営む戸数は激減した［宮本　二〇一二］。現在では、宮崎県椎葉村でのソバ・ヒエ・アワなどの雑穀の栽培、山形県や秋田県で継承されている赤カブの栽培など、一部の地域で残るのみとなっている。また、それらの地域も高齢化と後継者不足の問題を抱えており、日本の焼畑は存続の危機にある。一方で、高知県吾川郡や旧土佐郡の焼畑復興運動［橋尾　二〇〇七］に見られるように、地域おこしの一環として、焼畑に注目する動きもある。いずれの場合も、日本における焼畑は、多くの場合、生業としてよりは、観光資源やリクリエーションとしての色合いが強くなっている。

一方、本書が扱うラオスでは、焼畑農業は今も多くの人びとにとって主要な食糧生産の手段であり、食糧安全保障の観点からも、宗教・文化の拠り所としても、地域住民の暮らしと切り離せない営みであり続けてきた。

筆者が調査対象としたクム民族[1]の村では、ローテーション方式の焼畑で陸稲が栽培されている。平均七〜八年前に焼畑に利用した二次林を伐採し、火を入れ、陸稲を植える。一度収穫を終えるとその畑は数年間放置される。一年も経てば背の高さほどの草が生い茂り、やがて焼畑の二次林ではタケノコなどの非木材林産物が採れるようになる。収穫から七〜八年が経ち、ある程度植生が回復すると、そこが新たな農地に選ばれ、再び伐採が行われるのである。そうした焼畑耕作を営む人びとにとって、これまで「農地」と「森林」は一体のものであった。

ところが、ラオスでは一九九六年から「土地・森林委譲事業（Land Forest Allocation）」が全国規模で実施されるようになり、そのなかで「農地」と「森林」の線引きが進められている。この土地・森林分配事業を通じて、農地の利用権は各世帯などに委譲され、森林は保全林・保護林・再生林・利用林・荒廃林など、村人の外から持ち込まれた概念によって測量され、用途が決められるようになった。焼畑民にとって、「森」とは焼畑に使ったばかりの森から豊かな森まで緩やかに移行していくものだが、土地・森林分配事業のなかでは「農地」か「森林」のどちらかに二分化することが迫られるようになった。

ラオス北部に位置するウドムサイ県パクベン郡では、小規模ダムのための水源確保を名目とした集水域での土地利用の禁止、焼畑抑制政策 、農地と森林を分類する土地・森林委譲事業、村落移転政策など、様々な政策の実施によって、森を利用してきた地域住民の森林へのアクセスが制限され、農地の不足や破壊的な森林利用につながってきた。筆者は、大学院生としてラオスの環境政策に関する研究に携わる一方で、環境NGOのスタッフとして、ラオス北部ウドムサイ県で「ウドムサイ県パクベン郡住民参加型水源林保全事業」(2)を実施し、地域住民の土地利用に適した土地・森林管理制度を実現するためには、どのような要件が求められるのかという課題に取り組んできた。また、活動のなかで、資源管理政策が政策上の目標と矛盾する結果を生み出し続けながらも維持されているのはなぜか、という疑問に直面することになった。

博士論文を書くにあたり、「NGOワーカーとして書くのか、研究者として書くのか」という問いを投げかけられたとき、明確な答えを出すことができなかった。研究者として、自分が関わってきた水源林保全事業の成否やNGOの役割を、完全に客観的な立場から見ることは不可能であろうし、NGOワーカーとしては、研究者として提示する理論と現実とのギャップを指摘しないわけにはいかない。NGOワーカーと研究者という二つの立場を行き来しながら学術的な研究を行うことは、大きなハンディキャップだと自覚しているつもりであるが、一方で、開き直りとの批判を覚悟で言えば、それは筆者の研究の独自性と意義にもつながると考えている。

発展途上国の土地・資源管理をめぐる先行研究を振り返ると、政策文書や政府機関との対話から政策を分析する政治学者は、そうした政策が、人々の生活にどのような影響を及ぼしているのかを見てこなかったし、村に入り込み、村人の生活を観察する文化人類学者は、村人の生活に変化を及ぼす政策を作り出している政治の問題まで踏み込もうとしない。草の根レベルで活動する多くのNGOは、村人が抱える問題を解決しようと熱心に活動に取り組んでも、その問題とつながっている政策は外部要件と見なし、政策そのものを変えることには関心がない。国家レベルや国際レベルの政策提言に取り組む団体は、自然資源と結びついた村の暮らしのあり方までは気を配らない。こうして、研究者にしても、NGOにしても、それぞれ役割は細分化され、お互いが交わることはほとんどない。そのため、村人の生活を無視した政策が実施され、草の根レベルでは村人が抱える問題の源流を見ない応急処置的な援助活動ばかりが行われ続けるのではないだろうか。地域住民の暮らしに適した資源管理を実現するためには、研究者は「環境問題」の上流と下流に目を向け、もっと柔軟に学問分野を横断した研究を行う必要があるだろうし、NGOも村人が抱える問題と政治のつながりをつかめる広い視野を持って活動を行うべきではないだろうか［東・松本 二〇〇九：二一〇―二一二］。ラオスの森林政策に関わるなかで、そうした問題意識を持つようになった。本書では、NGOワーカーと研究者の立場を行き来しながら見えてきた、ラオスの土地・森林管理政策の問題を、地域住民の土地利用やそれに基づく暮らしの実態から明らかにする。その上で土地・森林分配事業が、その政策上の目的に反して、破壊的な資源利用や地域住民の貧困化を引き起こす要因を分析するとともに、問題解決に向けたNGOの試みを紹介し、NGOや国際機関といった「よそ者」の役割と、ラオスの焼畑農業の今後を考えてみたい。

一　森に生きる人びと――ラオス北部のクム民族と焼畑

1　ラオスの焼畑耕作と焼畑民の暮らし

ラオスは、インドシナ半島の中央に位置する内陸国で、北に中国、東北にビルマ／ミャンマー、西にタイ、南にカンボジア、東にベトナムと国境を接している。国土面積は二三万六八〇〇平方キロで、そのうち七〇％は山地である。人口は、約六五〇万人［ラオス統計局 二〇一二］で、政府の公式な発表では、ラオス人は四九の民族で構成されている。焼畑耕作に従事する人口は減少しつつあるものの、一九九〇年代になっても、世界中の熱帯・亜熱帯地域で、約三億人の人びとが関わっており、地球上の開拓が可能な土地のうち、三〇％以上が焼畑耕作に利用されていると言われる［Roder 2001: 1］。焼畑は、森を伐採し、火を入れることから、環境破壊の原因とされ、東南アジアでも各国政府は焼畑を抑制するための施策を取ってきた。一方で、焼畑耕作は、森林を伐採、火入れをして短期間の土地利用を行った後、極端な土壌流出が起こる前に耕作を放棄し、次の伐採・火入れまでに十分な期間をおいて森林の再生をはかることができる場合には、熱帯ないし亜熱帯の自然によく適応した農耕形態だとされている［佐々木　一九八九：三］。

ラオスでは、人口の八割が農村部に暮らしている。二〇〇〇年の統計によれば、ラオスの農村部の人口の二五％にあたる一五万世帯が焼畑に従事しており、休閑地も含めれば、農業に使われる土壌の八〇％以上が焼畑に使われているとされる［Roder 2001: 1］。現在は、ラオス政府の焼畑抑制政策により、焼畑に従事する世帯は減少傾向にあるが、依然として焼畑は、ラオスの多くの人びと、特に山岳部に暮らす少数民族にとって、重要な食糧生産手段となっている。

写真1　共同作業で行われる陸稲の収穫
（筆者撮影、2011年11月）

焼畑では、陸稲のほかに、トウモロコシ、根菜類、豆類など、さまざまな作物を植える。また、収穫後に回復した二次林では、タケノコやキノコなどが収穫され、食料や現金収入源として、人びとの暮らしを支えてきた。

ラオス北部ウドムサイ県の事例では、焼畑民の一年は毎年一月ごろ、農地の選定に始まる。これはおもに男性の役割で、土壌や森の年数、過去の経験などから、よりよい収穫が期待できる農地が選定される。二月から三月に草木を伐採し、農地を開拓し、農地が十分に乾燥すると、火入れが行われ、雨季の始まりを待って、籾蒔きが行われる。この時、土壌や日当り、傾斜などの条件にもっとも適している籾を選んで、植え分ける役割はおもに女性が担う。また、トウモロコシ、根菜類、豆類など、さまざまな作物も植えられる。九月～一二月ごろの収穫の時期を迎えるまで、焼畑作業のなかでもっとも重労働である草刈りの作業が続けられる（写真1）。

また、焼畑は、それを行うそれぞれの民族の文化や信仰とも深く関わっている。本書の対象とする北部ウドムサイ県のクム民族の村では、焼畑の農地選定、伐採、火入れ、籾蒔き、収穫などの作業を行う前に、精霊に祈りを捧げる儀式が執り行われる。また、収穫が終わり、新しい農業シーズンが始まる前には、新年を祝い、翌年の豊作を祈る祭りが開かれる。

焼畑に植えるモチ米は、早稲（わせ）、中稲（なかて）、晩稲（おくて）に分類され、各家族は代々、何種類もの種籾を受け継いできた。収穫期の異なる米を植えることで、天候の変化などによる収穫不良のリスクを分散する。

コラム[3]：スーン母さんと稲

収穫の季節を迎えた一一月のある日、パクベン郡Y村[4]に暮らすスーン母さんは、親類の焼畑に向う。小学校が休みのこの日は、娘プアも一緒だ。焼畑の収穫は、村人の共同作業で行われる。

この地域の収穫は、鎌を使わず、手で籾をしごきとる。その方が大変だけれど、地面に落ちて無駄になる米が少ないのだという。スーン母さんもプアも器用に籾をしごきとり、腰に着けた竹籠に入れていく。よく見ていると、スーン母さんは時々、収穫した籾を肩から掛けた別の袋に入れる。来年植える種籾用に質の良い籾を選ぶのは女性の役割だ

「これは〝トゥープ〟という種類のお米、大きく育った森を拓いた農地に蒔くの。こっちは〝イム〟。平地に蒔くのよ」

村には少なくとも三種類の早稲（わせ）、三種類の中稲（なかて）、十二種類以上の晩稲（おくて）の種が受け継がれている。それぞれの米を土壌や地形を見ながら植え分ける。種子は長期保存できないため、毎年全ての種類の米を植え、種子を残してきた。

「そんなにたくさんの種類の稲を植えるのは大変じゃない？」とスーン母さんに尋ねると、

「だって、今年の畑に一番向いている稲が、来年の畑に向いているとは限らないでしょ」という答えが返ってきた。

焼畑には、何世代にもわたる経験のなかで、リスクを減らし、生産を安定させるクムの知恵が息づいている。

ラオス北部の山岳地帯で行われている焼畑は、多くの場合、五年から十数年周期の循環式で行われている。村人たちは、二次林を伐採し、火を入れ、農地を拓く。収穫を終えると、その畑は数年間放置される。一年も経てば背の高さほどの草が生い茂り、やがて焼畑休閑地ではタケノコなどの林産物が採れるようになる。そして、収穫から数年が経ち、ある程度植生が回復すると、そこが再び農地に選ばれる。焼畑休閑地とそれが育む非木材林産物（NTFPs）の重要性は、多くの研究者によって報告されてきた［竹田　二〇〇八、広田　二〇〇八、横山　二〇一三］。

　焼畑耕地から二次林へと移行する休閑期間には、地域や森の年数によってさまざまな植物や野生動物が育まれる。二次林で採れる林産物は、ときには米に代わる代替食として、ときには現金収入源として、村人の生活を支えている。焼畑の二次林にしか育たない植物もあり、二次林は焼畑によって作られ、焼畑民の暮らしを支える「里山」だと言える。焼畑二次林では、さまざまな野草、数種類のタケノコ、キノコ類、イモ類などの植物や、リス、ネズミ、イノシシなどの野生動物が採取・狩猟できる。主食の米が足りなくなると、村人たちは森に入って、タケノコやイモなどを掘ることで飢餓を回避してきた。また、森は、頭痛、腹痛、神経痛、歯痛など、さまざまな病に効く薬草の宝庫でもある。外部の人からは、利用価値のない「荒廃林」と見られがちな焼畑二次林には、実に豊かな生物多様性が存在し、人びとの暮らしを支えている。

　二次林で採れる林産物は、貴重な現金収入源としても村人の暮らしを支えている。町の市場には、畑で取れた野菜のほかに、村人たちが森から採って来たタケノコ、キノコ、バナナの花などの食材が並ぶ。また、カルダモンの実（学名：*Amomum villosum*）、野生ナンキョウの実（*Alpinia galangal*）、紙の原料になるカジノキの樹皮（*Broussonetia papyrifera*）、帚などに使われるタイガーグラス（*Thysanolaena latifolia*）、プアックムアック（*Boehmeria sp.*）など、村に仲買人が買いつけに来る二次林の林産物もある。

　横山智は、「焼畑における休閑は単に次の耕作のために地力を回復させるためや雑草を抑制させるためではなく、森林産物という資源を採取するためにも重要な場を提供している」〔横山　二〇一三：二五二〕とし、休閑地へも視点を向け、焼畑の耕地と休閑地を連続的な一つの空間と捉える必要性を主張する。

このように焼畑は多くの農民にとって、今も重要な食糧生産の手段だが、次節で詳しく述べるように、ラオス政府は、焼畑が森林破壊の最大の原因だとして、二〇一〇年までに焼畑を撲滅するという方針を掲げ、さまざまな政策を実施してきた。しかし、農業生産性の向上や就業機会の創設をともなわずに、「焼畑撲滅」自体が目標となり、強制的な村落移転政策などとあわせて行われることで、土地・森林利用の混乱や生計手段の喪失につながる事例が多く発生してきた。昔から多くの人びとが行ってきた農法の全面的な禁止は非現実的で、「二〇一〇年までに焼畑撲滅」という目標は達成されず、現在は、政府の焼畑撲滅の論調はトーンダウンしている。

一方、近年、東南アジアでは、ゴム、製紙用のユーカリやアカシヤ、アブラヤシなどの産業植林や、キャッサバ、サトウキビ、飼料用のトウモロコシなどの換金作物のモノカルチャーが拡大している。商業的には、生産性を向上させるモノカルチャーも、単一作物の連作による土壌劣化などの環境への影響や、食糧安全保障の低下を引き起こしやすい。ラオスでは、換金作物栽培のために焼畑の常畑化が進み、単一作物の連作による土壌劣化や、農薬の使用が増加する地域が増えている。

人口増加や政策、モノカルチャーの拡大により焼畑に利用できる土地が減少すると、十分な休閑期間が置かれず、植生が回復していない森が焼畑に使われるようになる。休閑期間が短縮されると、自然の回復能力を越え、土壌劣化が引き起こされる事例が増えることになる。

2　調査地の概要

ウドムサイ県パクベン郡（地図1）は、ウドムサイ県の西南に位置し、面積は八一七・一二平方キロで、森林面積は約五五四平方キロである。山がちな地形で、水田の適地は少なく、焼畑による陸稲栽培が主な食糧生産の手段となっているが、近年は、トウモロコシ栽培などの換金作物栽培のために焼畑の常畑への転換も行われている。パクベン郡の民族の分布は、八五・七九％がクム民族、一〇・三三％が「低地ラオ」と呼ばれてきたラオおよびルー民族、三・八八％がモン民族である。[5] ちなみに、ウドムサイ県全体でも、クム民族は五九％と高い人口比率を占める［Simana and Preisig 2006: 79］。

ラオスでは、焼畑の廃止、麻薬撲滅、少数民族の管理、開発事業の効率化などの目的で、山岳部に住む少数民族を低地や道路沿いへと移す村落移転事業と、同様に開発事業の効率化のために五〇家族以下の村同士を合併させる村落合併事業が実施されてきた。二〇〇四年には、パクベン郡の村落の数は六九村であったが、ラオス政府が進める村落合併政策の結果、二〇〇八年一二月には五五村までに減少している。

P村とN村　P村[6]は、同郡の中心から約一三キロメートル離れた山岳部に位置する。二〇一二年三月時点で、一三八世帯、人口三八〇人のクム民族（クム民族の中でも「クム・ロッククローン」と呼ばれるサブグループに分類される）の村で、三五六家族[7]が暮らす。第三節で詳しく述べるが、同村は郡当局の政策によって、一九九八年に元々の居住地から道路沿いに移転を強いられ、同様に道路沿いに移転させられ、二キロほど離れたところに居住地を構える（旧）N村と二〇〇六年に合併し、（新）N村となった。水田を持たないこの村では、全ての家族が焼畑を生業としている。

Y村　Y村は、N村と村境を接する。一九九八年に、O村と旧Y村が合併し、その後、他の数村から数世帯が移り住んだのが、現在の村の起源となっている。二〇一三年二月時点で、人口は五一六人のクム民族（クム・ロッククローン）の村で、七五世帯八二家族が暮らす。八二家族中、商店経営などで生計を立てる三家族を除く七九家族が焼畑農業に従事している。二〇〇〇年に郡主導の土地・森林分配事業が実施された。

3　森の民「クム」の人びとの土地利用――ウドムサイ県パクベン郡の事例から

ラオスは多民族国家であり、四九の民族が国家によって認定されている。(8) モン・クメール系の言語グループに属するクム民族は、そのなかでも、現在のラオスに最も古くから住んでいる先住民族だと言われている。一四世紀頃、ラオ民族が流入し、平野部に支配を広げると、クムの人々は次第に退き、山岳部で暮らすようになった。二〇〇五年の統計では、ラオス、ベトナム、中国の西双版納（シーソンパンナー）、タイなどに暮らすクム民族の人口は約七〇万人である。ラオスに暮らすクム民族は約六一万人で、ラオス人口の一一％を占め、特に北部では、最も人口が多い少数民族グループの一つである［Simana and Preisig 2006: 79］。

クム民族は、かつてはラオ民族やタイ民族によって「コーム（ຂອມ）」「カー（ຂ່າ）(9)」などと呼ばれてきた。一九六〇年代に政府によって、低地で水田耕作に従事する「ラオ・ルム」（低地ラオ）、山腹で焼畑耕作を営む「ラオ・トゥン」（中高地ラオ）、山頂付近で換金作物を栽培する「ラオ・スーン」（高地ラオ）という集団呼称が提唱され、戦後も広く用いられてきた。現在はこの三つの集団呼称は公式には使われていないが、クム民族は「ラオ・トゥン」の代表的な民族である。クムの人びと自身は、それぞれの方言に応じて自らを「カム（ກໍາມຸ）」「クム（ກືມຸ）」「カム（ກ່ຳມຸ）」などと呼び、その意味するところは「ひと」である［Simana and Preisig 1998: 1］。

古来、クムの人びとの暮らしは人間の世界と精霊の世界からなり、「家の精霊」「村の精霊」「くにの精霊」「墓所の精霊」といった社会的な精霊と、「天の精霊」「稲妻の精霊」「山の精霊」といった自然的な精霊の双方に対して、様々な儀礼を執り行ってきた［シーマナ　二〇〇五：一八二］。

クムの人びとの一般的な生活は、焼畑での稲作を中心とする農業を基盤とし、森での狩猟や採集によって支えられている。クムの人びとにとって森は、焼畑耕作を営む農地であり、狩猟や採集で食物を得る場であると同時に、文化や信仰の拠り所となってきた［Simana and Preisig 1998, 2006］。

クム民族は、ラオス北部に暮らす人びとのなかでも、森に対して豊かな知識を持ち、焼畑耕作の歴史も長いと言われている。また、焼畑二次林から積極的に林産物を採取してきた［横山　二〇〇四：一九］。

焼畑耕作のプロセスのなかにも、精霊信仰は大きな役割を果たしている。新たに開墾する土地を探しにいく前には家の精霊に酒を捧げ、開墾の初日には、その土地の精霊に食物を捧げ、安全と豊作を祈る。Y村では、土地の開墾を前に、次のような祈りが捧げられている。

どうか森を私たちにお貸しください。
収穫が終わったら必ずお返しします。
私たちは伝統儀式に則り、お許しをいただくために参りました。
豊かな米の実りをお与えください。
飢えることのない暮らしが送れますように。
森の神よ、山の神よ、どうか無事に収穫を迎えられるようにお力をお貸しください。(10)

この祈りの言葉に表れるように、クムの人びとにとって、森または農地の「所有者」は森や山の精霊であり、食糧生産のために、農地を借りて開墾し、収穫が終わったら精霊に返す、そして開墾された農地は再び森に戻っていく、という繰り返しのなかで生活が営まれてきた。

クム民族の焼畑耕作は、元来、森林を保全し、土壌の回復を待ちながら行われてきたが、近年、人口増加に伴う森林の開拓によって、休耕期間が短縮され、土壌の疲弊が引き起こされることも増えてきた。また、村落移転政策によって、平野部に移転させられる事例も多い。シーマナ［二〇〇五］は、十分な農地が得られず、森林と一体となって暮らしてきたクムの人びとの暮らしは、経済的にも、文化・社会的にも大きな影響を受けていると指摘する。

パクベン郡のＰ村では、毎年、村長や長老など村の有識者や権力者が集まって、その年にどの森が焼畑に適しているのかを判断する。焼畑への適性は、森の年数や木の大きさ、土壌の質、そしてこれまでの経験を元に決められる。例えば、同じ七年目の二次林があったとしても、一方の森は、保水力のある黒土（ディン・ダム）で、日当たりも良い場所であったとする。もう一方は、保水力の低い赤土（ディン・デーン）が多く、昔同じ場所で米を作ったときにあまり収穫できなかったという経験が記憶されているとする。その場合、当然、村人は前者の森を耕作地に選び、後者はもう少し森が育ち、土壌がより回復するのを待ってから手を入れるのである。

村の焼畑地が決められると、村長や長老らが各家族の労働人口に応じて、それぞれの家族に焼畑地を割り当てる。その年に村が決めたプロット内で、以前耕した土地がある家族が優先的にその場所を使うことができる。ただし、ここでの土地に対する各家族の権利は、優先的に耕作できる権利であって、村から出る場合には、親戚に権利を譲ることはできても、村外の人などに土地を売ることはできない[11]。また、その年に労働力が少なく、過去に使った農地の利用を他の家族に譲る場合にも土地使用料などは発生しない。

しかし、Ｐ村のこうした土地利用の方法は、必ずしも長く続いてきた「伝統的」な方法というわけではない。十年ほど前までは、条件の良い土地を有力な家族が占有し、村人間の土地の売り買いなども行われていた。また、焼畑地は各家族が個別に選んでいたという。しかし、人口増加に伴う土地の減少から、土地への圧力が高まってきたため、Ｐ村では土地の占有を基本的には廃止し、毎年合議による土地分配を行うようになったという。村人の「伝統的」な土地利用のあり方が、必ずしも不変のものではなく、環境の変化に適応しようという動きが起きていることが分かる。

各家族が決まった農地を「占有」せず、毎年、木の大きさや土壌をみることで焼畑の適地を決め、村の合意の下で新たに分配が行われるP村の土地利用システムは、与えられた環境条件の中で、できる限り毎年の収穫を安定化させ、さらに人口増加や土地利用のあり方の変化に柔軟に対応することを可能にしてきた。

一方で、P村の土地を完全な村の「共有地」として捉えることができるかというと、そうは言い切れない。P村の村長K氏によれば、父母の代から使ってきた土地を優先的に選ぶことができることは「占有」ではないとするが、一方で、村人に「何箇所土地を持っているか」と尋ねると、「〇箇所ある」という答えが返ってくる。

例えば、甲氏の家族が父母の代から耕してきた土地が、その年、村が決めた焼畑地にあたったが、甲氏の家族はその年に十分な労働力がないため一部しか使わずに、乙氏の家族が残りの土地を利用したとする。その場合、P集落では基本的に地代は発生しないが、その土地はやはり甲氏の家族に属するものであると認識されている。こうしたことから、P集落では、土地は完全な「私有」でも完全な「共有」でもない形態で利用されてきたと考えられる。

4　焼畑と村人の食卓

焼畑に植えられる作物と、焼畑二次林で採取されるタケノコ、キノコ、野草、野生動物などの非木材林産物は、山岳部に暮らす人びとの暮らしを支えている。パクベン郡のY村のとある家庭の食卓を覗いてみよう。

二〇一一年一一月二〇日のT家の夕食。この日のメインは、焼畑に仕掛けた罠で捕らえたタケネズミの炭火焼だ。タケネズミは焼畑の稲や野菜を食べる害獣であるが、一方で食料として村人のタンパク源ともなっている。ヒョウタンの蔓のスープは、味付けは塩だけで、薬味のショウガとネギが香る。具材のヒョウタンの蔓、ショウガ、ネギは、村から二〜三キロのところにある焼畑で栽培したもの。主食はもちろん蒸したモチ米で、焼き芋が添えられていた。この日の料理に使われた食材のうち、塩とうま味調味料以外は、全て焼畑で収穫・採取されたものだ。

次に紹介するのは、焼畑での共同作業の御礼に振る舞われるごちそうだ。この地域では、籾蒔きや米の収穫といった農作業は、村人たちの共同で行われる。村から歩いて三〇分ほどのS家の米の収穫作業のために集まった一六家族に対し、収穫の最終日となるこの日、畑の主は昼食にごちそうを準備した。メインとなる牛肉の煮込みは、牛肉を少量の水、塩で煮込み、米くず（小さく割れてしまった米のくずを集めておいたもの）でとろみとコクを付ける。焼畑で採れたマクファット、インゲン豆などの野菜を加え、ケーンの実で胡椒のような香りを、トウガラシで辛みを加える。野菜のスープには、焼畑で収穫したばかりのマクトゥーンという野菜とインゲン豆、家の前の菜園で栽培した青菜が使われた。焼畑に植えたレモングラス、ショウガで香りを付け、塩で味を整える。他の村人から購入しておいた牛肉、村の商店で購入した塩とうま味調味料以外の食材は、焼畑や家庭菜園から収穫された農作物と、焼畑二次林で採取され

写真2・3　T家の夕食の光景
（筆者撮影、2011年11月）

表1　T家の夕食（2011年11月20日）

メニューと食材	調達方法
1. タケネズミの炭火焼	
・タケネズミ	・焼畑に仕掛けた罠で捕獲
・塩・うま味調味料	・村の商店で購入
2. ヒョウタンの蔓のスープ	
・ヒョウタンの蔓	・焼畑で栽培
・ショウガ	・焼畑で栽培
・ネギ	・焼畑で栽培
・塩・うま味調味料	・村の商店で購入
3. 焼き芋	
・サツマイモ	・焼畑で栽培
4. 蒸したモチ米	
・モチ米	・焼畑で栽培

た非木材林産物だ。

どちらの事例でも、料理の食材のほとんどは、焼畑、家庭菜園、焼畑二次林で収穫・採取されたものだ。焼畑と焼畑二次林が、村人の食卓を支えていることが垣間見える。

写真 4・5　S 家の焼畑の共同作業の御礼に振る舞われたごちそう（筆者撮影、2011 年 11 月）

表 2　S 家の焼畑共同作業の御礼に振る舞われたごちそう（2011 年 11 月 19 日）

メニューと食材	調達方法
1. 牛肉の煮込み	
・牛肉	・他の村人から購入
・米くず	・脱穀の際に集めておく
・野菜	・焼畑で栽培
・トウガラシ	・軒先の家庭菜園で栽培
・ケーンの実	・焼畑二次林で採取
・塩・うま味調味料	・村の商店で購入
2. 野菜スープ	
・マクトゥーン、インゲン	・焼畑で栽培
・レモングラス、ショウガ	・焼畑で栽培
・青菜	・軒先の家庭菜園で栽培
・塩・うま味調味料	・村の商店で購入
3. 蒸したモチ米	
・モチ米	・焼畑で栽培

コラム：ブンスームおじさんのシチュー――クムの食卓と森の恵み

クム（カム）の村では、女性は水汲み、薪割り、脱穀、家畜のエサやりと忙しく働くが、料理は主に男性の仕事だ。毎日の食卓に欠かせないモチ米を蒸かすのは女性だが、ご馳走の支度となるとたいていは男性が担う。ウドムサイのとある村に滞在中、たまたま手に入った野鶏を使って、村の中でも料理上手で知られるブンスームおじさんが、おいしいシチューを作ってくれた。ブンスームおじさんが作る野鶏のシチューのレシピを紹介しよう。

「なんで料理を作るのはいつも男性なの？」と尋ねると、「女が料理をすると手際が悪くていけないや」とブンスームおじさん。そう言われると、女性の私はちょっとムッとするけれど、おじさんは確かに見事な手際で野鶏をさばいていく。

羽根をむしって、表面を軽く炙った野鶏は、骨ごと一口大のブツ切りに。腸やレバーなど内臓も残さず使う。鍋に鶏肉とひたひたの水を加えて、火にかける。調味料のトウガラシ、塩、くず米（脱穀の際に割れて残ったもの）をすり鉢で叩きつぶし、鍋へ。鍋が沸くのを待つ間に野菜を準備する。欠かせないのは野生のバナナの花。中心の若い部分をくり抜き、数種類の野草とともに水に晒し、アクを抜く。水を切って、沸騰した鍋に投入。

囲炉裏の周りに美味しそうな匂いが立ち込め、鶏と野菜が柔らかく煮えたら、バナナの花と鶏の内臓だけを取り出し、すり鉢で叩き潰して、再び鍋へ。一煮立ちさせたら、少量の化学調味料で味を整えて、野鶏のシチューの完成だ。

味付けは基本的に塩（＋少しのうま味調味料）だけなのに、こんなに複雑な味が出せるのは、ブンスームおじさんの腕なのか、バナナの花と野草の力なのか。

この野鶏のシチュー、素晴らしく美味しいけれど、気をつけないと、時々、肉の中から小さな銃弾が出てくる。本当は、散弾銃の使用は禁止されているが、鳥やリスを獲る狩りの道具として、今も一般的に使われている。

ちなみに、今回、野鶏のシチューに使った食材で、市場で買って来たものは塩（ヴィエンチャンの工場で精製されたもの）とうま味調味料（中国製）だけだ。家の裏の畑で育てたトウガラシと焼畑で作った米、あとは、野鶏、バナナの花、野草とすべて森から採ってきた食材だ。半径数キロの範囲で、ほとんどの食材が揃う。クムの人びとの食卓は、森の恵みに支えられている。

5　森とは何か？

表3に示すように、ラオス政府の発表によると、一九四〇年には七〇％程度あったとされる森林率が、二〇一〇年には四〇・三％まで減少し、二〇一五年には四七％とわずかに回復している。こうした数字を示されると、「ラオスという国では、七〇年前と比べると、森林減少が著しく、現在は、国土の約半分くらいが森に覆われている」と何となく分かったような気になるのではないだろうか。しかし、ここで言う「森」とは何だろうか。

ラオス政府の定義では、森林とは、「最低樹冠被覆率二〇％以上、面積〇・五ヘクタール以上、樹高五メートル以上」という三つの基準を満たす「現状森林」により覆われた国土の面積の割合を指す［藤田　二〇一二］。しかし、この「森

表3　ラオスの森林率の推移

年	1940	1982	1992	2002	2010	2015
森林被覆率（%）	約70	49.1	47.2	41.5	40.3	47

出所：藤田［2012］、Vientiane Times 紙（2016年5月31日）より筆者作成。

表4　「森林」の定義とラオスの森林率

	森林の定義			ラオスの森林率（2010年）
	最低樹冠被覆率	最小面積	最低樹高	
ラオス政府	20%	0.5ha	5m	40%
国際連合食糧農業機関（FAO）	10%	0.5ha	5m	68%

出所：MAF［2005］、FAO［2001］より筆者作成。

林」の定義は、各国・各機関によって異なる。例えば、国際連合食糧農業機関（FAO）は森林の定義を「最低樹冠被覆率一〇%以上」としており、表4に示すように、二〇一〇年のラオスの森林被覆率は、ラオス政府の定義では四〇・三%であるのに対し、FAOの定義では六八%と大きな開きがある。ちなみに、日本政府は、京都議定書の決議に基づき、「森林」の定義を「最低樹冠被覆率二〇%以上、面積〇・三ヘクタール以上」としている。

さらに、「森」と聞くと、多くの人は原生林が生い茂るジャングルや里山の林を想像するかもしれないが、その姿も様々である。ラオス政府の定義では、例えば、ゴム園など産業植林も、前述の定義の条件を満たせば「森林」に数えられる。極論としては、豊かな原生林を切り払って、人口の植林地を作っても、樹冠率や最低面積を満たせば、同じく「森林」ということになる。二〇一〇年から二〇一五年の間にラオスの森林面積が「増えた」要因は公式には発表されていないが、二〇〇〇年代にブームとなったゴム植林などの産業植林が育ち、「森林」としてカウントされるようになったことや、後述の村落移転政策や焼畑撲滅政策等の結果、放棄された焼畑二次林の植生が回復したことなどが大きな要因として考えられる。

6　焼畑民にとっての「森」と「農地」

外からやってきた筆者にとっては、木々が生い茂る「森林」と陸稲が植えられている「農地」は別のものに見える。しかし、焼畑民にとって両者は区別し難い。ラ

写真6　P村の農地
※手前が収穫を終えたばかりの「農地」、奥が7年目の二次林。「森」と「農地」は循環する。
（筆者撮影、2006年11月）

オス語で焼畑地は「ハイ」、焼畑の二次林は「パーラオ」という。「パーラオ」を長年放置すれば、それはやがて「パーケー」（年を取った森）になっていく。そして時期が来れば「パー」（森）を切り開き、そこがその年の「ハイ」（焼畑地）になる。村長や長老によってその年の「農地」が決められるまでは、そこは村人にとっては「森」の一部に過ぎないのだ。また、村人に地図を見せて「どこが森でどこが農地か？」と尋ねたとき、村人は今年の焼畑地の場所は答えることはできたとしても、それはその年限りのものであり、地図を「森林」と「農地」にきれいに色分けすることはできないのである（写真6）。

　だからといって、村人たちが「領域」や「境」という意識を全く持ってこなかったわけではない。P村には、土地・森林分配事業が実施される以前から村で決めた保護林があった。村人に「その保護林は何ヘクタール？」と面積を聞いても答えは返ってこないが、「あの小川とこの小川の間」というように区分が認識されている。米の栽培には適さない土壌であるので、タケノコなどの林産物を採集するために、火入れや大規模な伐採を行わず、保全しているという。また埋葬林では、林産物の採集も禁じられている。「埋葬林の木を切ることは絶対にないよ。そんなことをしたら、家族全員が精霊に取り殺されてしまう」と村人が語るように、埋葬林は村人にとって畏敬の対象である。埋葬林の周りに柵があるわけではないが、村人は長年そこを守ってきた。

　隣村との境界も多くの場合は小川や丘が目印にされている。「あの丘は私たちの村」「あの林のあたりから向こうが隣村」というように、村人は標識や地図によらず、自分たちで定めた目印によって村の境を認識してきた。

一方、政府による土地への管理が進むなかで、行政官など外部の人間から面積を数値で答えるように求められる場面が出てくるようになった。例えば、村人に農地面積を尋ねるとする。そうすると例えば「一・八ヘクタールだ」という細かい数字が返ってくる。村人はこの数字をどうやって算出したのだろうか。答えは簡単だ。一ヘクタールの畑に播かれる種籾が五ガロン[12]（未精米の米で一ガロンが約一〇キログラム）と言われており、村人はその年に播いた籾の量から逆算して面積を答えているのである。つまり、今年はだいたい九ガロンの種籾を播いたのであれば、農地の面積は「一・八ヘクタール」ということになる。もちろん、種籾の重さも正確に量っているわけではないので、もしメジャーやGPSを使って面積を測れば、「一・八ヘクタール」とは異なる数字になる可能性はおおいにある。農林事務所や開発援助機関のスタッフのような訪問者に「数字」を尋ねられるので、それに合わせて答えているのである。村人にとっては、「一・八ヘクタール」という数字は意味を持たないし、記録した数字を資料として県の農林局に上げるだけの農林事務所のスタッフにとっても、この数字が正確であるかどうかは必ずしも重要ではない。土地・森林分配事業が導入される以前は、農地の正確な面積や地図は必要とされてこなかった。

土地の貸し借りにおいても、ローカル・コミュニティの中の人間関係に基づいた尺度を見ることができる。かつては、農地が足りない家族が土地を占有している家族から農地を借りても、その対価は、焼畑耕作の初めと終わりに行う伝統行事の際に拠出する鶏・豚・酒などであったり、草取りなどの労働で支払われたりすることが多かった。地代として米が支払われる取り決めになっていても、その量は収穫後に決まることが通例であった。「一ヘクタールの土地を借りたら、何キロの米を支払うのか？」と尋ねると、「収穫が終わったら話し合うんだ。収穫がたくさんあれば米を多く返すし、不作の年は少しの米で勘弁してもらうよ」という。対価が定まった取引を当然のものだと思っている我々には、にわかには理解しがたいが、村人は「はっきりとは決めない」ことで、天候に恵まれず不作の年にも、なんとか生計を維持することができる。土地を貸す方にとっても、借りる方にとっても、豊作の時にはたくさん返す、不作なら返

写真８　非木材林産物を買い付ける仲買人
（筆者撮影、2004年３月）

せる分だけ返すというのは、村人にとっての合理的な取引の形なのだろう。

Ｐ村の事例から見えてくるのは、外から持ち込まれる尺度とは別に、村人には村人独自の尺度があり、それに基づく土地利用を村人が行ってきたという事実だ。村人は米を生産し、林産物を採取するために、独自の方法で森をはかり、土地を利用してきた。村人は毎年、土壌や樹齢を見ることで焼畑地を決め、その時々の家族数に応じて焼畑地を分ける。その焼畑地の土壌や日当たりの具合を鑑みて、何種類もある種籾の中から、それぞれの土地に一番適した種類を選ぶ。土地を借りるときは地代を事前には決めず、収穫量を見てから判断する。こうした村人の尺度は、村人の経験や村の中の人間関係に基づいて使われているものであり、数値や文書に表れるわけではない。それゆえ、村人の土地利用は、村の外に暮らす我々の眼には曖昧で分かりにくいものに映る。

しかし、こうした土地利用は、村人にとっては決して曖昧でいい加減なものではない。暑い年寒い年、雨の多い年少ない年があるように、毎年同じではあり得ない気候条件の中で、村人は米を作り、林産物を採取して暮らしてきた。そのなかで培われた経験から、その年に最も適した焼畑地を選び、何種類もある種籾の中から、その土地の性質にふさわしい種籾を選んで蒔く。婚姻や生死によって家族の人数は毎年変わるから、「食べられない」家族が出ないように、その年の各家族の様子を見ながら、焼畑地を分け合う。土地を借りている場合には、たくさん収穫があればたくさん返すし、不作で米が取れなければ、少しで許してもらう。こうした村人の生存戦略は、外から持ち込まれる尺度ではすくいとることができず、その価値は無視されてきた。また、村を取り巻く状況が急激に変化しているなかで、村人の暮らしの認識にも少しずつ変化が起きている。

パクベン郡では、人口増加や住民移転によって相対的・絶対的に農地が減ることで、土地の希少性が増しており、土地の貸し借りや「売買」をめぐる村落間、また村落内部での紛争は激しくなってきている。

さらに、道路沿いへの住民移転や道路整備によって、マーケットへのアクセスが向上し、貨幣経済が浸透してきたことで、土地に対する村人の価値観も変化してきた。パクベン郡の市場や周辺の村に米が売れるようになると、「一ヘクタールで一〇万から二〇万キープ（約一二二〇円から二四四〇円）」といったように地代として決まった量の米や現金が取り決められるようになってきている（写真8）。また、米が足りなくなった家族が他の家族から米を借りる場合にも、一〇キロの米を借りたら、収穫時には一五キロの米を返すなど、「利子」が発生している場合も見られる。市場経済の浸透によって、村人の暮らしからは柔軟性が失われつつあるのかもしれない。

この節では、ラオスの焼畑農業の概観とウドムサイ県パクベン郡の焼畑民の暮らしを紹介した。次節では、そうした焼畑民の暮らしに影響を与える資源管理政策について見ていく。

二　資源の破壊を引き起こす資源管理政策

1　ラオスの森林減少

二〇〇五年の統計では、ラオスの全人口の七三％は農村部に暮らしており、一九九五年の八三％と比べると都市化が進んでいるものの［DoS 2005］、今も多くの人びとが農村部で自然資源に依存した暮らしを営んでいる。

ラオス政府は「二〇二〇年までに後発開発途上国（LDC）からの脱却」を国家目標に掲げ、水力発電開発、鉱物資源開発、プランテーション開発等に対する諸外国からの直接投資を積極的に受け入れ、二〇一〇年以降は毎年八％を越えるGDP成長率を維持するなど、高成長を続けている。

ラオスはアジアにおいて、最も豊かな森林が残り、生物多様性の豊かな国の一つである［UNDP 2001: 75］が、こうした経済開発に伴い、土地・森林利用には大きな変化が生じている。前述のように、数字で表わされる「森林率」の推移が必ずしも実際の森林の状態を反映しているとは限らないが、豊かな森林が急速に失われ、森林の分断化や違法伐採による森林劣化、希少野生動物の減少も深刻な状況にあることは確かである。

ラオスの森林破壊の原因は、時代とともに変化している。第二次インドシナ戦争中は、北ベトナムによる物資や人員の輸送ルートがラオス側を通っていたため、米軍による激しい空爆を受け、森林が破壊された。一九七五年以降は社会主義政権の米の自給政策によって、特に北部で高地の森林を開墾しての米作が奨励された。さらに、米軍の空爆によって生じた膨大な数の国内避難民による開拓も行われた。また、一九九〇年代初頭まで、北部の各県の財政が伐採による収益に依存していたことも、森林の過剰な伐採の重要な原因となっていた［松本・ハーシュ　二〇〇三：一三五］。

近年の森林減少の主な要因は、（1）換金作物栽培（ゴム、キャッサバ等）の浸透による用地の転換、（2）鉱山開発や水力発電所等のインフラ建設のための開発伐採である。インフラ開発のための土地コンセッション（政府から事業者に付与される独占的な営業権）は、荒廃林または裸地にのみ割り当てられるとされているが、森林法では荒廃林および裸地の定義が極めて不明瞭であることで、豊かな天然林が伐採されたり、保全林や保護林と重複してコンセッションが割り当てられたケースも少なくない。これによって、開発に伴い多くの豊かな天然林が伐採されている［藤田　二〇一二］。

2　ラオスの土地・森林利用に関わる諸政策

森林の減少と劣化に対し、ラオス農林省林野局は、二〇二〇年までに森林被覆率を七〇％に回復させることを目指した『森林戦略　二〇二〇』［DoF 2005］を策定し、森林の保全と回復のための各種政策・制度を打ち出してきた。その一つが、本書で取り上げる土地・森林分配事業（ＬＦＡ）である。土地・森林分配事業について詳しく見ていく前に、ラオスの山岳部の土地利用に大きな影響を与えている二つの政策、すなわち焼畑撲滅政策と村落移転政策について概略を述べる。

（1）焼畑撲滅政策[13]

前述のように、ラオスの森林破壊の原因は、水力発電ダムなどの大規模インフラ開発事業、鉱山開発、違法伐採など様々な原因があるのにも関わらず、焼畑農業は森林破壊の原因として槍玉に挙げられてきた。一九九二年にラオス政府が国連環境開発会議（ＵＮＣＥＤ）に提出した報告書には、「ラオスの主な環境問題は森林減少であり、その一つが、伐採と火入れによって森林の枯渇と地下水の減少を引き起こしている焼畑である。これは、近年の洪水と旱ばつの要因にもなっている」と記述されている［Souvanthong 1995: 1］。

一九七五年に成立した人民革命党を指導党とするラオス政権は、一貫して焼畑撲滅を重要な課題として挙げてきた。一九七九年に発布された「森林保全に関する内閣令第七四号」において、水源林地域での焼畑禁止が明記された。第二次社会・経済開発五カ年計画（一九八六〜一九九〇年）において、食糧生産の拡大に続き焼畑の撲滅を目指す政府の方針が示された。さらに、一九八九年の「第一回国家森林会議」では、全国規模で急速かつ広範囲に進む森林減少が重要課題として認識され、森林減少を食い止めるための重要な政策として、焼畑撲滅が位置づけられた。二〇〇一年の第七回党大会では、二〇二〇年までの開発目標が設定されたが、そのなかで、二〇〇五年までの焼畑安定化と二〇一〇年までの段階的な廃止が目標として設定された［DoF 2005］。

実際には、焼畑農業の全面的な禁止は非現実的で、「二〇一〇年までに焼畑撲滅」という目標は達成されず、現在は、政府の焼畑撲滅の論調はトーンダウンしている。二〇〇九年二月に発布された「〝焼畑〟の種類と定義に関する農林省通達第三四号」では、焼畑を「無秩序に毎年焼畑地を移動する」〝開拓型〟の焼畑（ハイ・ルアンローイ）と「限られた数カ所のプロットを回る」〝循環型〟の焼畑（ハイ・モンウィエン）に分け、前者を「森林資源の破壊につながり、環境に悪影響を与える」としているが、後者については「地方の行政当局、関連部局、村人の合意に基づいて決められた土地で行われる」として認めている。

（2）村落移転政策

ラオス北部の山岳民の暮らしと土地利用に大きな影響を与えてきた政策として、村落移転・合併政策が挙げられる。長く続いた内戦を経て、一九七五年に成立したラオス新政権は、反政府勢力から治安を守るため、山岳部や辺境の地に暮らす少数民族を移動させる政策を実施した［Baird and Shoemaker 2005: 6］。

その後も、ラオス政府は村落移転政策を実施してきた。この村落移転政策は、（1）焼畑の撲滅及び低減、（2）麻薬撲滅、（3）治安維持、（4）開発事業の効率化、（5）文化融合と国民国家建設、といった政府目標の下で正当化されてきた。焼畑の撲滅は、政府にとって村落移転政策の主要な動機であり、高地に暮らす人びとを低地に移動させ、焼畑を単一樹種の産業植林や換金物栽培の用地に転換してきた［Baird and Shoemaker 2005: 6-11］。

さらに、ラオスでは、党中央による地方管理体制の構築過程において、小規模な村々を合併し、かつグループ化することで、国防と治安維持、経済・社会開発分野における総合力を強化し、開発を進めようという方針がとられてきた。二〇〇四年に発布された「村建設および開発村グループ建設に関する政治局命令第〇九号」に基づき、近隣同士の二〜三の村を合併し大規模村を建設したうえで五〜七村を統合し、一つの開発村グループ（クムバーン・パッタナー）を形成することで、これまで各村単位で行ってきた開発をより大きな規模で実施しようと試みられてきた［山田 二〇一一：七一―七三］。開発事業の効率化を目的とした村落合併の過程でも、村落移転が実施されてきた。

しかし、こうした村落移転は、移転させられた住民の貧困化や死亡率の上昇につながってきたと報告されてきた。

この移転政策の問題を分析したI・ベアードとB・シューメイカー［Baird and Shoemaker 2005］は、ラオスで活動する多くの国際開発機関が、村落移転政策の重大さと影響を認識・理解せずに、同政策を積極的にもしくは無批判に支援し続けてきたと批判している。

3　土地・森林分配事業（Land Forest Allocation Programme）

土地・森林分配事業とは、「特定の土地や森林が、どこの誰のものなのかを確認する作業を通じて、土地と森林をめぐる競合を調整すること」［名村　二〇〇八：二〇五］であり、農耕利用の林野を各農家に配分して土地の保有・利用・相続などの諸権利を認め、森林は村落共有林として村落に利用権を認める代わりに管理義務を課すことを主な内容としている［大矢　一九九八：二七二］。制度上は、実施準備、村境と土地利用区分の策定、データ収集と分析、森林と土地の分配決定、農地の測量、森林・土地利用に関する合意と村人への権利の委譲、土地管理の普及（持続的な生計向上につながる生産性の高い土地利用についての技術指導など）、モニタリングと評価、といった一連の手続きが実施される。(14)

社会主義国であるラオスでは、土地や森林は国民の共有財産とされ、従来、その配分や管理についての意思決定は政府が行うことになっていた。しかし、一九九〇年代初頭から、市場原理に基づいた経済運営の一環として、土地の利用権を確定し、個人や法人に土地利用権証書を交付する事業が実施されるようになってきた。土地・森林分配事業もこうした政策に沿って実施されるようになったものである［大矢　一九九八：二七二］。

一九八九年に開催された「第一回国家森林会議」のなかで、森林資源の管理を地域住民に委譲する項目が盛り込まれた［百村　二〇〇五：八〇］。一九九〇年には、北部サイヤブリ県とルアンパバーン県で試験的な実施が始められた［Ducourtieux et al. 2005: 504］。一九九四年に発布された「土地・森林分配に関する首相令第一八六号」、「土地管理と土地・森林分配の継続に関する首相令第三号」、およびそれを具体的に実施するための「農林省令第八二二号」（一九九六年）に基づいて、一九九六年から全国規模で導入されるようになった。

土地・森林分配事業の導入に際しては、一九九八年代後半からベトナムで実施されていた同様の事業を参考に、土地・森林分配事業の準備が進められていった。[15] また、ラオスは、一九九九年からベトナムからの技術的・資金的な支援を受け、県レベルの農地利用計画マスタープランを準備してきた［Rock 2004: 18］。一方で、ベトナムやタイが、マクロ・レベルの土地利用計画に重点を置き、特にベトナムでは土地利用計画がトップダウンで行われてきたのに対し、ラオスは村落レベルの土地利用計画作りに焦点を当てた国家プログラムを実施してきた［Rock 2004: 41］。制度上は、村落住民主導による森林・林野管理の仕組みづくりが目指されており、近隣国の類似プログラムに比べて林野制度面でかなり革新的」［大矢　一九九八：二七五］であるとの評価がある。

ラオスの土地制度改革にあたっては、アジア開発銀行（ADB）、世界銀行、国際連合食糧農業機関（FAO）などの国際援助機関、スウェーデン国際開発協力庁（SIDA）やドイツ技術協力公社（GTZ）などの二国間援助機関をはじめとする国際機関も、実施を支援してきた［Moizo 2004, Ducourtieux et al. 2005］。

農林省令八二二号には、この事業の目的として、（1）土地・森林・水源などの天然資源を効率的かつ持続的に管理・利用し、自然環境の保全を図ること、（2）焼畑民や貧困層をはじめとする国民の生活を向上させるため、農業・森林分野の開発および安定した職業の創出を通じて焼畑耕作を抑制すること、（3）食糧増産を推進すること、（4）換金作物への投資を推進し、地域住民の収入を増大させること、が挙げられている。

4　土地・森林分配事業の課題

土地・森林分配事業によって土地や森が線引きされ、その土地区画を管理する権限と義務が明確になることによって、「保全の対象となる森林が明確になり、森林が管理しやすくなった」［名村　二〇〇八：二二五］り、曖昧であった土地の権利が確定することで、定着農業の推進などに役立つこともある［北村　二〇〇三：二二七］。また、土地・森林分配事業は、持続的な森林管理の実現のために地方分権化を目指す政府の試みの一環と捉えられ、土地・森林分配事業を通じて森林管理のための資金源と責任の明確化が図られてきた［Fujita and Phanvilay 2008］。目的の一つである焼畑抑制については、「（土地・森林分配事業の）結果、二〇〇一年の農林省統計によると、焼畑面積は土地分配が開始された一九九六年と比較して約三八％減少したとされている」［横山智ほか　二〇〇四：二二］、「一九九七年から二〇〇〇年の間の一般的な傾向として、高地の焼畑地の減少と低木や草地の増加が見られる」［Thongmanivong and Fujita 2006: 240］とする報告がある。

しかし、土地・森林分配事業による森林率の上昇は、森林劣化が止まったことを意味する訳ではなく、多くの場合、森林の再生は部分的なものであり、商業的な価値の低い森林に留まることも指摘されている［Thongmanivong and Fujita 2006］。また、土地・森林分配事業によって作られた土地・森林利用計画が形骸化し、効果を発揮しなかったり、かえって林産物資源の枯渇を招いたりする事例が全国的にも報告されている［北村　二〇〇三：二二七］。

ここで、先行研究で指摘されている土地・森林分配事業の主な課題を整理したい。第一に、土地・森林分配事業の実施に関わる地方行政官のキャパシティをめぐる問題が実施当初から指摘されてきた［大矢　一九八九、百村　二〇〇五］。地域によってばらつきがある地方行政官の統率力、土地利用調査、地図作成などの技量によって、実施される事業の質は左右される。また、急激な市場経済化が進み、人びとのダイナミックな移動が行われるなかで、地域の人びととの資源利用は大きく変化している。こうしたなかで、環境保全と資源の需要との間のバランスを調整する能力を郡農林事務所に求めるのは難しいが、郡農林事務所の組織能力の強化は不十分であることが指摘されている［Fujita and Phengsopha 2008］。

第二に、時間や資金に制約があることが挙げられる［大矢　一九九八、Rock 2004, Fujita and Phanvilay 2004、百村　二〇〇五、名村　二〇〇八］。資金が十分でないことから、モニタリングや評価のプロセスが省略されることが多く［Fujita and Phanvily

2004、百村　二〇〇五、名村　二〇〇八］、土地・森林分配事業によって生じた問題が温存されたり、土地・森林分配事業による土地・森林区分が形骸化してしまったりする事例も報告されている。

第三に、住民参加の欠如が指摘されてきた。特に公用語であるラオ語を理解しない少数民族、とりわけ女性の参加は大きな課題とされてきた。前述のように予算に制約があるなかで、一村あたりの土地・森林分配事業にかけられる時間が短く、事前に村びとの理解を得ることができないまま事業が進められたり、村の境界を確定する際の隣接する他村との合意が曖昧なままになったりしている事例も報告されている［名村　二〇〇八：二二三―二二四］。また、行政官の住民参加の必要性に対する理解の不足も指摘できる。

第四に、土地・森林分配事業は森林保全を重視する傾向にあるため、地域住民の生計維持に必要な農地よりも、保全林や保護林の面積の確保が優先されることが問題視されている。「農地が足りなくなり、林地と指定された区域を農地に転換せざるを得ない例」［名村　二〇〇八：二二五］も報告されている。

第五に、土地・森林分配事業の恣意的な運用が森林問題に関わるＮＧＯによって指摘されてきた［TERRA 2004、名村　二〇〇八］。土地・森林分配事業の過程において、森林は森林法に基づいて、保護林（水源林の保護）、保全林（生物多様性の保全）、生産林（木材の生産）、再生林（天然力による森林への回復）、荒廃林（植林、放牧、農業用のための個人等への配分）［北村　二〇〇三：二一五］の五種類に分類されてきた[16]。しかし、この森林区分、特に荒廃林は、恣意的に分類される事例が報告されている。例えば、プランテーション企業が土地・森林分配事業の資金を提供し、自分たちの事業に都合の良い土地を荒廃林と分類することで、土地取得がしやすくなるなど、土地・森林分配事業が企業による土地収奪を助長しているという指摘がある［TERRA 2004: 24］。また、樹冠率などから見て「荒廃」している森であっても、村人は非木材林産物（NTFPs）の採取などに利用してきた。こうした森が荒廃林に分類されることで、村人の理解を得ないまま植林事業が進められ、村人が生計手段を失うということも起きている［名村　二〇〇六、二〇〇八］。

第六に、土地・森林分配事業により土地利用権の売買が可能になることで、村落林や個人割当林の木材が不当な低価で伐採業者に売られてしまう事例も報告されている。ラオス中部サワンナケート県の事例では、土地・森林分配事業によって、土地の保有、利用、相続権が認められたことで、松明の油や防水加工に使われる樹脂の採取が盛んだったフタバガキの木々の商業伐採が促進された［竹田　二〇〇三］。

第七に、住民の慣習的な土地利用と土地・森林分配事業による土地・森林区分の乖離が指摘されてきた。その一つに、村の境界が引かれることによって、これまで近隣の村と共同利用・管理してきた資源をめぐる対立の発生が報告されている［百村　二〇〇五、Fujita and Phanvily 2004, Fujita and Phengsopha 2008、名村　二〇〇八］。線引きによって、資源の利用と管理が排他的なものとなり、特にその資源が稀少であったり、商業的な価値が高かったりする場合には、資源をめぐる競合を招いてしまう［Fujita and Phengsopha 2008: 121］。名村隆行は、「土地・森林分配事業は村を単位とした森林管理を基盤としつつも、近隣村を巻き込んで合意を得なければ実行力がなくなってしまう」［名村　二〇〇八：一二二］と主張する。

さらに、焼畑耕作が地域住民の生業の中心である北部地域では、土地・森林分配事業が土地利用の混乱を招き、貧困を助長しているという指摘がなされてきた［Roder 2001、北村　二〇〇三、横山　二〇〇四、Evrard and Goudineau 2004, Ducourtieux et al. 2005］。十分な農地が分配されないと、焼畑の休閑期間が短縮される。休閑期間の短縮は、多くの場合、雑草の増殖を引き起こし、収量の低下や耕作期間中に雑草刈りにかかる世帯労働力の必要の増加につながり、焼畑耕作を営む農家の暮らしを圧迫してきた。

ここでは、ラオスの森林セクターの課題を概観したうえで、土地・森林分配事業など土地・森林利用に関わる諸政策を紹介した。次節では、その土地・森林分配事業が焼畑民の土地利用にどのような影響を与えたのかを見ていく。

三 「森」と「農地」が分けられるとき
――土地・森林分配事業が焼畑民の土地利用に与えた影響

1 P村の土地・森林分配事業

各家族が決まった農地を所有せず、毎年、木の大きさや土壌をみることで焼畑の適地を決め、村の合意の下で新たに分配が行われるP村の土地利用システムは、与えられた環境条件の中で、できる限り毎年の収穫を安定化させ、さらに人口増加や土地利用のあり方の変化に柔軟に対応することを可能にしてきた。しかし、住民移転や水力発電開発といった郡の政策と、それに続く土地・森林分配事業の実施は、村人の土地利用に大きな影響を与えることになった。

パクベン郡では、土地・森林分配事業は一九九七年に開始され、現在までに全ての村で土地と森林の区分が完了した。ここで、P村で土地・森林分配事業が実施されるまでの経緯を見ていく（表5）。

郡の中心部に電気を供給するため、一九九六年に中国企業によって発電量一五五キロワットの小規模な水力発電用のダムが建設されることになった。このダムからの電力供給を安定させるために、ダムが作られたホアイカセン川の集水域約五〇〇〇ヘクタールが水源林として区分された。当時、水源林内には一〇村が土地を持っており、約六〇〇世帯、三五〇〇人がこの水源林制定によって影響を受けることとなった。一九九七年には、水源林内での焼畑が禁じられ、P村は農地の大部分を失った。さらに、一九九八年、郡当局は水源林の保全を理由に、P村に移転を命じた。これは、少数民族を道路沿いに移転させ、開発事業の効率化を図るために小規模な村落を合併するという政府の村落移転・合併政策にも沿うものだった。P村の村長によれば、村人の多くは農地の不足を懸念し、移転に反対であったが、政府の方針に異を唱えることはできなかった。P村は移転を決めたものの、道路沿いの移転予定地はN村の土地であり、

3　「森」と「農地」が分けられるとき

表5　P村の小史

年	出来事
約120年ほど前	村の創設。
1996	ホアイカセン川で水力発電ダム（155KW）の建設が始まる。
1997	居住地や焼畑地の大部分が水源林に指定され、水源林内での焼畑が禁じられる。
1998	郡から移転の命令を受ける。
1999	水源林のはずれに移転。
2000	ホアイカセンダムの発電開始／土地・森林委譲事業実施。
2005	道路沿いに再移転。
2006	隣のN村と行政上合併。
2008	メコン・ウォッチの支援で土地森林の再区分を実施。

出所：P村の村長へのインタビューより筆者作成。

N村が土地の割譲に合意したのは、二〇〇五年になってからであった。[17] P村の土地・森林分配事業は、元の村から水源林のはずれに移転した後、道路沿いのN村の土地への再移転を待っている間に行われた。

二〇〇〇年に土地・森林分配事業が実施されると、それまでは郡による通達だけだった「水源林」の区分が、地図に示され、水源林（保護林）であることを示す看板が立てられ、水源林での焼畑に罰則が設けられるようになった。水源林として制定された地区に土地を持つ村は八村あり、うち三村は水源林外に十分な農地が確保できないため、水源林制定後も水源林内で広範囲な焼畑耕作を続けている。特にP村は、耕作が可能な村の土地のほとんどが水源林と重なっているため、最も深刻な影響を被っている。

こうして過去十数年のP村の変化を振り返ると、土地利用をめぐる様々な政策が土地・森林分配事業と複雑に絡み合って実施されていることが分かる。まず、ラオス政府は「二〇二〇年までに電化率を九〇％に向上させる」という方針を持っており、パクベン郡にとっても水力発電開発は重要な開発事業であった。[18] さらに、前節で概説したように、ラオスでは政府の方針として、村落移転・合併政策が進められてきた。P村の移転とN村との合併もこうした流れを受けている。P村の土地・森林分配事業は土地利用をめぐるこうした急速な変化が起きているなかで実施されたのである。

2　土地・森林分配事業が焼畑民の土地利用に与えた影響

当時、土地・森林分配事業を担当した郡農林事務所の職員によれば、農林事務所の職員を含む六人の行政官が七日間で、村の土地を「保全林」「保護林」「再生林」「利用林」「農地」などに分類した。このわずか七日間で決められた線引きによって、P村は、深刻な農地不足とそれに伴う米不足に苦しむこととなった。土地・森林分配事業によって村の土地のほとんどが保護林とされた（地図2）。わずかに指定された農地は、土地が痩せているうえ、昔の村の近くに分配されたため、移転後の居住地から遠すぎて耕作は難しくなってしまった。

焼畑民の一家族が、毎年必要な食糧を生産するために必要な土地は、家族の規模や土壌などの条件によって異なるものの、一般に一・五ヘクタール程度と言われている［佐々木　一九八九、竹田　二〇〇八］。パクベン郡では、村人へのインタビューから、十分な収穫を得るためには最低でも七年の休閑サイクルが必要だと認識されている。これらを元に計算した必要な農地面積と、土地・森林分配事業で配分された農地面積を比較すると、持続的な焼畑耕作を営むには農地が不足していることは明らかである。さらに、村の領地の大部分が水源林として囲い込まれたP村の農地不足は顕著である（表6）。

二〇〇七年七月四日に行った村長への聞き取りによると、P村の村人に残された選択肢としては、第一に、隣村から土地を借りることである。二〇〇〇年に実施された一回目の土地・森林分配事業後、多くの家族は、隣村から現金または酒・ヤギ・豚・タバコなどと引き換えに土地を借りていたが、それは村人にとっては大きな負担になっていた。第二に、元の村に戻ることだ。二〇〇七年七月当時、最初から移転を拒んだ家族を含め、現在七家族が元の村の居住地で暮らしていた。第三に、親戚などを頼って、土地を借りることのできる他の村に移り住むことだ。農地不足から二〇〇六年には一年の間に四家族が隣の郡に移住したという。第四に、水源林内で焼畑耕作を続けることだ。P村の現在の居住地に暮らす村人のほぼ全ての家族が水源林内での焼畑を行っていた。隣村から借りている農地だけでは足

表6 1999-2000年に土地・森林分配事業が行われた村の土地・森林区分

村名	家族数	保護林(ha)	保全林(ha)	生産林(ha)	農地(ha)	焼畑サイクル(年)	必要な農地(ha)	不足している農地(ha)
Y村	54	316.8	94	0	312.2	7	567	254.8
N村	48	281.1	100	108	223.5	7	504	280.5
P村	58	1030	—	0	192.6	7	609	416.4
L村	47	859.6	76.7	0	93.9	7	493.5	399.6

※家族数、保護林、保全林、生産林、農地はそれぞれ2000年の土地·森林分配事業実施時のデータ。
※「焼畑サイクル」については、筆者による各村でのインタビューから、この地域で十分な収穫を得るのに最低限必要と村人が考えている耕作+休閑期間を7年と見積もった。
※「必要な農地」は、焼畑サイクルを7年とし、1家族あたり、年間1.5ヘクタールの土地を使用するという想定で概算。
※当時、パクベン郡農林事務所には、十分な器材がなく、行政官のGIS(地理情報システム)の取り扱い能力も低かったため、数字は必ずしも正確ではない。
出所:村人へのインタビュー、パクベン郡農林事務所の資料より筆者作成。

りないからだ。水源林内での土地・森林分配事業が行われる前と同じ営みであっても、「違法行為」となっていた。後に、「水源林の指定を受けてから、焼畑をする場所がなくて、食べる米に困るようになった。だから、食べていくには、禁止されていても再び水源林で焼畑をするしかなかったんだ」とP村の村人は語っている[19]。

土地・森林分配事業実施後は、水源林内での「違法」な焼畑と隣村からの土地の借用によって、七~八年の休閑期間を保った焼畑を行ってきたが、もし水源林内での焼畑が厳しく取り締まられたり、隣村からの地代を支払えなくなったりすれば、焼畑のサイクルが短縮される可能性もある。実際、P村の周辺の村では、土地不足からサイクルが三年程度まで短縮されたり、同じ土地で連作したりする村が出てきており、十分な休閑期間がとられないために、土壌が劣化し雑草が増え、除草剤が使われるようになってきている。これによって土壌がさらに劣化するという悪循環に陥る危険性もある。

3 政策への人々の対応

問題を抱えながらも、長年に渡って上から押し付けられる森林制度に対し、村人たちはどのような対応を見せてきたのだろうか。

第一の対応は、制度を「無視」することである。P村の事例では、水源林での農業が禁止された後、水源林の外に農地を見つけられない村人は、水源林のなかでの「違法」な焼畑を行うしかなかった。土地・森林分配事業の過程や事後に不満があっても、村人が郡の役人に対して意見を言うことが難しいラオスの政治・社会状況下で村人が一番取りやすい抵抗の形は、線引きに抵抗することではなく、決められた線引きを無視することだ。水源林に土地を持つほとんどの村が水源林保全のルールを無視し、土地分配が行われた村で多くの家族が慣習的な土地所有を優先してしまえば、行政官が全てを取り締まることは難しい。しかし、一度、持ち込まれた森林制度が無視されることは、村人の土地利用に弊害をもたらすこともある。P村の近くの村では、かつては村人に守られていた水源近くの森が伐採されるようになった。水源林内の焼畑が全て「違法」となったことで、本来そのなかに存在していた村の保護林だけを守ることの意義が薄れ、水源近くで伐採や焼畑を行ってしまう村人が出てきたのである。

第二に、村人たちがもっとしたたかに対応している例もある。村人に「この村で焼畑（ハイ）は行われているか」と尋ねると「焼畑はやっていない」という答えが返ってくる。しかし、山からは伐採した草木を燃やす煙が上がっている。「では、あの煙はなんだ?」と聞き返すと、村人は「あれは米の畑（スワン・カオ）を作っているんだ」と答える。

ネガティブなイメージを持つ「焼畑（ハイ）」ではなく「畑（スワン）」と言い換えただけで、実態は変わっていない。「焼畑（ハイ）」と「畑（スワン）」の言い換えは、上から押し付けられた森林制度に対する村人の抵抗のあり方だと見ることができる。

また、村人の生活が簡単には焼畑と切り離せないことを実感している郡にとっても、この「言い換え」を容認するメリットはある。土地・森林分配事業を通じて、「焼畑地」を「農地」とラベル替えすることで、村人の焼畑には多少目をつむり、縦割りの官僚機構の中で求められる義務の履行と、村人の焼畑を完全に禁止することが難しい現実に、折り合いをつけているのである。

国にしてみれば、極端に多くの人々が焼畑を生計手段としているなかで掲げた「二〇一〇年までの焼畑撲滅」という国家目標は無謀であったことに気がついても、なかなか取り下げるわけにはいかない。しかし、極端な言い方をしてしまえば、土地・森林分配事業を進め、現在の焼畑地をすべて「農地」と定義してしまえば、この目標は簡単に達成することができるのである。

村人や行政官が制度を都合のいいように読み替えることで、村人は必要な「畑」を確保することができ、地方の役人は取り締まらなければならない「焼畑」面積を減らすことができ、国は「目標達成」という面目を保つことができる。「焼畑」の定義の曖昧さがラオスの土地政策の混乱を引き起こしている一方で、定義が曖昧であるがゆえに、それぞれのアクターが自分の都合の良いように解釈できる余地が生まれ、丸く収めることができる場合もある。少なくとも、焼畑抑制政策をめぐる土地利用の混乱については、定義を明確にし、それを厳密に遵守させることは根本的な問題解決にはならないだろう［東　二〇〇九：五五―五六］。

ここでは土地・森林分配事業が焼畑民の土地利用に与えた影響と人々の対応を見てきた。次に、同事業が政策上の目的に反して、破壊的な森林利用や地域住民の貧困化を引き起こした要因を分析する。

四　なぜ資源管理政策の失敗が起きるのか？

1　資源管理政策の「失敗」の要因

土地・森林分配事業については、実施当初から土地・森林分配事業を担当する県や郡の行政官の能力不足や、不適切な予算配分などの課題が指摘されてきた［大矢　一九九八：二七五］。その後の調査でも、土地・森林分配事業を実施する担当者へのトレーニング不足など技術的な側面での課題が指摘されている［百村　二〇〇五：八四］。しかし、P村の事例を見ると、土地・森林分配事業が目的として掲げている森林保全を達成できなかった理由は、人的資源、資金、

図1　村が抱える土地利用をめぐる問題と原因および解決策

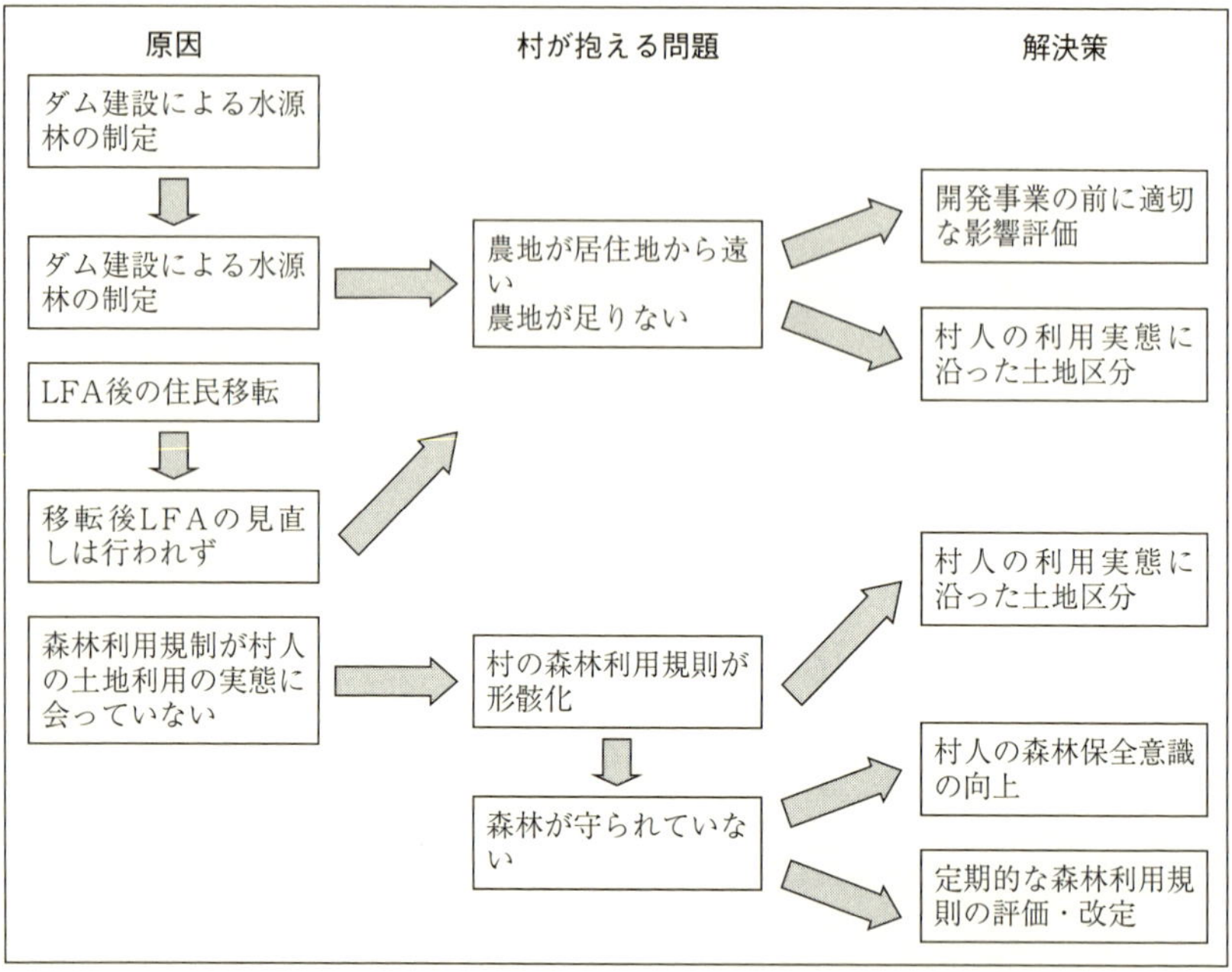

技術支援の不足だけでは説明できない。P村の土地・森林分配事業が森林保全や村人の生活向上といった目的を達成できなかった原因について、まずはP村を含むホアイカセン川水源林に農地を持つ村と行政官が行った分析（図1）を紹介したい。

パクベン郡の村人と行政官は、村人が抱えている利用可能な農地の不足といった問題は、ダムの建設や村落移転といった郡の政策に端を発していると捉えていることが分かる。さらに、トップダウンで決められた村の森林利用規則が、村人の土地利用の実情に即しておらず、形骸化している実態が描かれている。

第一の原因は、図1で村人と行政官によって指摘されたように、村人の土地利用のあり方を無視して、画一的な土地区分が押し付けられたことである。パクベン郡でも担当者の経験や資金の不足から、村人の土地利用の実態が十分に調査されないまま、短時間で線引きが行われた。土地利用計画の策定に十分な資金や時間を割り当てられないこと自体も問題であるが、P村で行われた土地・森林分配事業の失敗の要因はより根本的なところにあると考えられる。村人は毎年、土壌の特性を見ながら焼畑地を選定し、生計を営んできたのに対して、土地・森林分配事業では、地域の土地利用の多様性とは無関係に、全国で画一的なアプローチが採用される。土地・森林分配事業の手順は中央政府レベルで決められ、NGOや国際機関が支援している場合を除き、全国統一の手順が適用され、森林と農地の区分が行われている。つまり、水田耕作が中心の低地と焼畑耕作が中心の中高地といった地域の特性や、市場へのアクセスが容易で換金作物栽培が中心の地域と自給自足的な農業が中心の地域といった経済的な条件を反映することなく、単一のマニュアルに基づき、村の境界が決められ、農地や林地が地図上で色分けられていくのである。

ここでは、さらに土地・森林分配事業によって誰も望まない土地・森林利用の混乱が引き起こされた原因を、それぞれのアクターの関わりに注目して検証してみたい。

土地・森林分配事業によって土地利用の混乱が引き起こされる第二の原因は、土地・森林分配事業を実施する行政官にとって、しばしば「数値化」が目的化してしまうことである。パクベン郡の森林区分の成果を示す図2は、農林事務所の壁に貼られているものの写しである。このグラフだけを見ると、土地・森林分配事業によって森林や農地が増えたかのような錯覚に陥るが、土地・森林分配事業以前にも村人にとっては森林も農地も存在していた。しかし、農林事務所の資料の上では、測量され、区分され、地図に描かれて初めて、森林や農地が現れるのである。そこには、植生や土壌の質を見ながら、焼畑耕作を行い、林産物を採取してきた村人の土地・森林利用の実態は反映されていない。毎年、県から下りてくる「数値目標」の達成を目指す郡農林事務所の担当者にとっては、ときに村人が現実に行っている土地利用よりも県に提出する数値が優先されることが、実態を伴わない線引きにつながってきたと考えられる。

一方、パクベン郡の事例から見えてきたのは、「政府」も決して一枚岩ではないということである。土地・森林分配事業が実施されていく過程で、政策を策定する中央政府と、それを実施する地方行政官の間には、様々な食い違いが

図2　パクベン郡の「農地・森林面積」の推移（1996〜2006年）

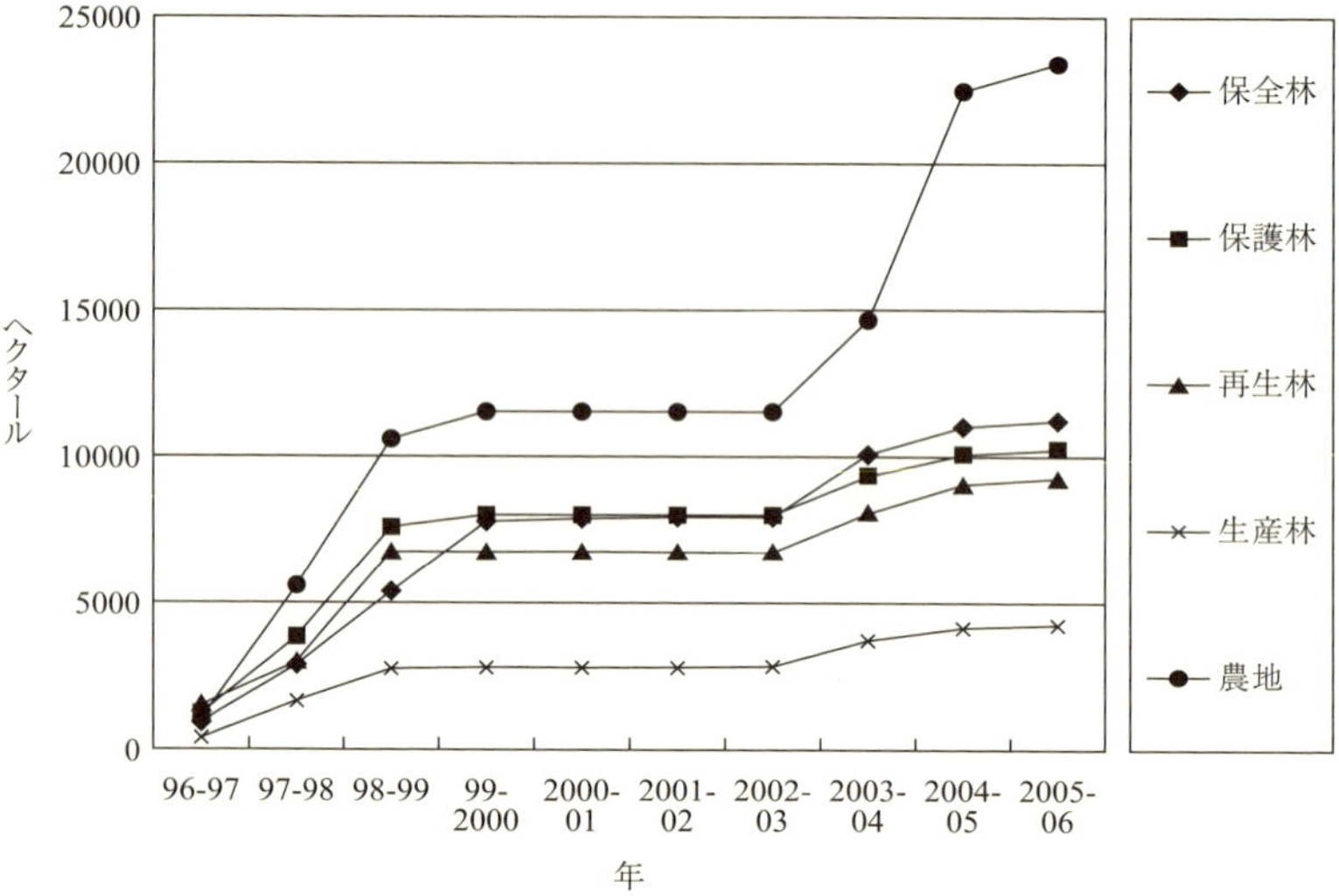

出所：パクベン郡農林事務所資料より筆者作成

生じている。

第三の原因は、「農地」や「森林」の定義、区分の方法をめぐる中央と地方の認識の食い違いである。焼畑の抑制は土地・森林分配事業の目的の一つであるが、実はその定義は曖昧なものだ。ラオス政府は「二〇一〇年までの焼畑撲滅」という方針を掲げているが、ラオス農林省の定義［ラオス農林省　二〇〇九：二］では、焼畑を「一定年数の耕作の後、新たに森林を切り開く」〝開拓〟タイプと「限られた数箇所のプロットを回る」〝固定〟タイプとに分類し、後者については地域の関係機関や住民の合意があればという条件の下で認めている。土地・森林分配事業では、農地と森林の区分を明確にすることによって、〝開拓〟タイプから〝固定〟タイプへの転換が目指されてきた。一方で、地方レベルでは、あらゆる形態の焼畑の廃止が国家目標であるという捉え方がされている場合もある。パクベン郡で行われている焼畑を数年サイクルで決まったプロットを回る〝固定〟タイプとみなせば、中央の定義では認められる。しかし、県レベルでは焼畑そのものを「遅れた農業」だとして抑制しようとする傾向が強い。こうした「焼畑」をめぐる中央と地方の認識のギャップは、土地・森林分配事業が作り出す混乱の一因になっている。

第四に、土地・森林分配事業の国家政策上の目的と、土地・森林分配事業を実施する郡が持つ別の目的との食い違いである。パクベン郡では、土地・森林分配事業を進めることで、水力発電ダムの水源林保全、政策的村落移転、村落合併など、郡が進める政策を定着させようという狙いもあったと考えられる。こうした政策の推進は、しばしば土地・森林分配事業が目的として掲げる住民の生活向上とは相反する結果につながっている。

さらに、パクベン郡では、村人が抱える問題の解決手段として、土地・森林分配事業のなかで行われる線引きに過度な期待をしている。すなわち、土地・森林分配事業の本来の目的とは別に、郡は線引きによって村境の争いや村落内の格差の解消も試みてきた。確かに一連のプロセスのなかで、隣接する村同士が議論する機会が生まれ、村境争いが解決された事例はあるが、線引きによって村の中の格差を解消するのは難しいだろう。パクベン郡のある村では、P村よりも一歩進んで、土地・森林分配事業の過程で各家族に農地が分配された。その裏には、郡主導の村落の移転と合併によって、ラオ民族、クム民族、モン民族が混在することになった同村において、農地を「平等」に分配し、村の中の格差を解消したいという郡の思惑があった。各家族への土地分配が行われたが、むしろ農地の売買の促進につながり、村の中の不平等は拡大した。また、農地を細分化することで、焼畑地については、少ないプロットで焼畑を回さなければならなくなり、森林の劣化につながる危険性をはらんでいる。

これらの事例を見ると、土地・森林分配事業が掲げている持続的な森林管理や生産性の向上といった目標が多くの場合達成されていないにも関わらず、改善も行われないまま土地・森林分配事業が継続されてきた原因の一つは、郡が本来の同事業の目的とは別に土地・森林分配事業を実施することの利点を見出していたことにあると推察される。郡が水力発電開発や村落移転を推進するためや、村落移転によって生じた村内の格差を解消するために土地・森林分配事業を利用しようとしたことで、本来の目的であった村人による持続的な森林管理や、安定した収穫の確保は二の次にされ、適切な区分が行われなかったのである。さらに、パクベン郡の事例では、土地・森林分配事業は、郡が同事業の実施を通じて目指そうとした村落移転が創り出した土地紛争の解決や、村内の格差の解消にも、結果的には貢献しなかった。

第五に、土地・森林分配事業が様々な問題を引き起こしながらも継続されてきた他の要因としては、国際機関やNGOによる援助がもたらす弊害を指摘しなければならないだろう。ラオス政府にとっては、土地・森林分配事業を実施することで海外からの援助を呼び込むことができ、資金が回ってくるという期待が存在するだろう。さらに、森林政策に関わる外国人専門家は土地・森林分配事業に関わることで、国際機関の職と報酬を得てきたし、森林プロジェクトを実施するNGOは土地・森林分配事業に関わることで、プロジェクトに正当性を与え、県や郡の農林局との関係を作りやすくするといった一面があることは否定できない。「外部」アクターであるはずの国際機関やNGOが必ずしも森林制度をめぐる利害関係から自由であるとは言い切れないのである。

これまで見てきたように、土地・森林分配事業が実施される過程には、そこに関わる様々なアクターの目的が入り込んできた。土地・森林分配事業が森林劣化や住民の貧困化など本来の目的に反する結果を生み出しながら、それが十年以上にもわたって継続されてきたのは、様々なアクターがこの事業を通じて各々の目的を追求しようとしてきたからであった。一方で、同事業が結果としてもたらした森林劣化や住民の貧困化は、直接の影響を受ける地域住民はもちろん、NGOや国際機関にとっても、政策を策定する中央政府、それを実施する地方政府にとっても望ましいものではなかった。

2　線引きされた「森」と「農地」

ウドムサイ県パクベン郡の事例では、森林保全や農業生産の向上を目的として掲げて実施されてきたラオスの土地・

森林分配事業が、政策上の目的の達成につながらないばかりか、かえって破壊的な土地森林利用や地域住民の貧困化を引き起こしてきた。本節では、同政策が地域住民の暮らしと土地利用に与えた影響を振り返ったうえで、土地・森林分配事業の「失敗」の要因を検証してきた。

森を切り拓き、耕作を行い、収穫を終えると植生が回復するまで放置し、再び農地として選ばれる、という循環のなかで焼畑を行ってきた人びとにとって、本来「森」と「農地」は線引きできないものだった。パクベン郡の焼畑民たちは、樹齢や土壌を見てその年の生産に適した焼畑地を決め、各家族の人数を考慮して焼畑地を分け合ってきた。

パクベン郡で土地・森林分配事業が実施された際、それまで自然環境の変化や村の人口の変化などを鑑みて、柔軟に毎年の焼畑地を決めてきた人びとの土地利用の方法が取り入れられることはなく、多くの場合、画一的なやり方で土地・森林区分が決められた。その結果、食糧確保のために必要な焼畑地が確保できなくなり、生活の困窮や焼畑サイクルの短縮化による森林の劣化を引き起こした。森と農地を分断し、詳しい地図を作ることによって、村人の土地利用が本来持っていた柔軟性が失われてしまう。外から持ち込んだ基準で資源や土地が測量され、村人の生存が脅かされることになった。

では、こうした問題に対し、ラオスで活動するＮＧＯや国際機関はどのように取り組んできたのだろうか。次節で紹介する。

五　新たな土地・森林管理を目指すＮＧＯの試み

1　ＮＧＯ・国際機関による土地・森林分配事業の実践

ラオスの焼畑民は、「農地」と「森林」が循環する空間において、共的「所有」と私的「所有」のはざまにある独特の土地所有の形態を伴って土地利用を行ってきた。こうした焼畑民の土地・森林利用にそぐわない土地・森林管理政策が押し付けられたことで、無秩序な土地・森林利用、地域住民の食糧不足や貧困化が引き起こされてきた。土地・森林管理政策の「失敗」は、特に政治力の弱い地域住民にもっとも大きな影響を及ぼしたが、一方で、結果として生じた破壊的な土地・森林利用や地域住民の困窮は、政策を実施した郡当局にとっても、また森林保全や農業生産性の向上を国家目標として掲げる中央政府にとっても望ましいものではなかった。

では、地域住民の土地・森林利用の権利を尊重し、持続的な森林管理を実現するためには、土地・森林分配事業を中止し、地域住民による「伝統的」な土地利用のあり方に戻すべきなのだろうか。いや、現在のラオスの土地・森林をめぐる急速な変化のなかでは、それだけでは解決にならないだろう。人口の増加や市場経済化が加速するなかで、土地の稀少性が増し、農地不足が問題になってきている。村人の土地利用は、森林保全そのものは目的としていないため、村の人口が許容量を超えれば、水源や川沿いなど、これまでは慣習的に守られてきた場所にも農地が広がり、環境への負荷が増える可能性がある。さらに、ラオス農村部には開発プロジェクトや換金作物栽培が急速な勢いで入り込んできている。ウドムサイ県の他の郡で広がっているゴム植林やバナナ栽培が今後パクベン郡にも拡大する可能性もある。外部の企業や開発プロジェクトから村人の権利を守り、村人による森林管理を実現するためには、村の境を確定し、村人による農地・森林利用の権利が法的な根拠に支えられる必要があると筆者は考える。

ラオスではこれまでNGO等によって、開発事業や投資事業から村人の権利を守ることを目指した活動が実施されてきた。そのなかで、現在、多くの国際機関やNGOが試みているのは、土地・森林分配事業自体に異を唱えるのではなく、村人の土地利用のあり方を尊重しながら、土地・森林分配事業のやり方を改善しようとするアプローチだ。これまで土地・森林分配事業に関わってきたNGOや国際機関の取り組みをいくつか振り返った上で、筆者がNGOのスタッフとして取り組んできた水源林保全事業に見るNGOの役割と課題について検証したい。

ラオスの土地制度改革は、早くから国際援助機関や二国間援助機関の支援を得て実施されてきた。効率的な環境保全や開発事業の実施を目指す国際援助機関にとっては、土地の用途と「所有者」が明確になっていることが必要であった。また、地域に根ざした活動を行うＮＧＯは、土地・森林分配事業を通じて、地域住民の土地に対する権利の強化を目指そうとしてきた。さらに、土地・森林分配事業が引き起こしてきた問題への批判を受けて、国際機関やＮＧＯによって、制度の改善を目指そうとする動きが作られてきた。

ラオスで最も早い段階から土地・森林分配事業に着目し、この政策を利用することで村人の土地利用の権利を守ろうとしてきたのが、日本国際ボランティアセンター（ＪＶＣ）である。ＪＶＣは、一九九五年から二〇〇八年までラオス中部のカムアン県の三四村で土地・森林分配事業実施を支援してきた。一九九〇年代前半、ＪＶＣは中部カムアン県で森林保全活動に携わるなかで、村の森林を合法的に登録し、森林の管理権を村人に保証する必要性を感じていた。そこで土地・森林分配事業を活用することで、村人が自分たちの森を持てるようになり、外部による伐採から森林を守ることができるようにしようと試みた［赤阪　一九九六］。ＪＶＣが土地・森林分配事業支援に携わるようになってから一〇年以上が経った。その間のＪＶＣの経験を振り返ると、土地・森林分配事業によって村を飲み込もうとする「開発」の波の影響を必ずしも十分に防げたわけではなかった。しかし、数は限られてはいるが、村の森を法的に登録することによって、村人自身が外からの開発に対抗し、その中止を求めたり、補償を得ることができた事例もある。ＪＶＣの経験からは、土地・森林分配事業は決して村人の権利を守るための万能薬ではないが、外からの開発に対し村人が権利を主張するための一つのツールになり得ることを示唆している。

一方、いくつかの国際機関は、土地・森林分配事業の実施によって生じた問題を受けて、土地利用計画と土地・森林分配に関する独自のやりかたを試してきた。アジア開発銀行（ＡＤＢ）が支援した「焼畑安定化プロジェクト（Shifting Cultivation Stabilization Project）」のなかでは、市場へのアクセスや換金作物導入の可能性および焼畑の依存度に応じて、（１）

村の境だけを決定するやり方、(2)土地と森林のゾーニングを行うやり方、(3)ゾーニングを行ったうえで各世帯に農地を分配するといった異なるやり方が選択された[Lao Consulting Group Ltd. 2006]。画一的なやり方で土地・森林分配事業を実施するのではなく、村の土地利用の実態に即したやり方が適用された。焼畑地については、かつてのように村全体が管理できるようにし、毎年の合議制に基づく土地分配のシステムが維持されている。[20]ドイツ技術協力公社(GTZ)は、二〇〇七年に発表した共有地の登録に関する報告書[Seidel et al. 2007]のなかで、近年、村の共有地が個人の農地や植林地に転換されていく傾向があることに警鐘を鳴らしている。GTZはその対応策として、これまで個人や企業にしか認められていなかった土地の管理・利用権を村や住民グループにも認め、共有地として登録することを提案し、パイロット事業を行いつつ、制度整備を進めてきた。

2 「参加型土地利用計画マニュアル」への提言と共有地登録の推進

土地・森林分配事業に関する国際機関の事例調査やパイロット事業を経て、ラオス政府は、ドイツ技術協力公社(GTZ)、日本の国際協力機構(JICA)、スウェーデン国際開発協力庁(SIDA)の支援を受けつつ、土地・森林分配事業の実施手順の改善に乗り出した。行政官、研究者、国際機関、NGOなどが参加して、ステークホルダーズ会合が繰り返し開催され、二〇一〇年三月、『村落と〝クムバーン〟(開発村グループ)レベルの参加型農地・林地利用計画マニュアル』のマニュアルが策定された。このマニュアル改定の動きには、ラオスで活動する国際NGOネットワークの下に設置されている「土地問題ワーキンググループ(LIWG)」が強い関心を示し、積極的な提言活動を行ってきた。

(1)土地利用計画の目的として、焼畑の安定化よりも土地利用権の保障の向上に重点が移されたこと、(2)それまで個人や企業にしか認められていなかった土地の利用・管理権が住民グループや村にも認められ、共有地登録が可能になったこと、(3)住民参加の重要性が強調されたこと、等は土地利用計画のプロセスを通じて地域住民の土地利用の権利を強化しようとする国際機関やＮＧＯの意向がある程度反映されたものだと言える。

同マニュアルに則った土地利用計画作りが実施されるのは、国際機関やＮＧＯなどの指導と資金が入っている場合がほとんどであり、そうでない場合には、一九九七年に作られた実施手順が使われ続けているのが現状ではある。しかし、政府が発行するマニュアルに、地域住民の土地利用の権利への配慮が盛り込まれたことで、ＮＧＯ等が活動地域で土地利用計画策定を支援する際に、同マニュアルを盾に、土地利用計画策定のプロセスへの住民参加の強化や、地域住民の暮らしに沿った土地・森林管理を提案することができるようになった。[21]

さらに、ＮＧＯや国際機関による共有地登録の実行に向けた試みも行われている。オランダのＮＧＯであるＳＮＶは、竹林の保全、竹細工作りと協同組合の設立、マーケティングの支援等の活動を実施してきたヴィエンチャン特別市サントーン郡の対象村四カ村において、ラオスで初めての共有地登録を実現した。ラオスにおいて、ＮＧＯの支援による共有地登録に成功したのは、二〇一三年一〇月現在では、この一事例のみであるが、他にも複数の団体が、活動対象地域での共有地登録を目指した活動を行っている［LIWG 2012］。

共有地登録を適用できる条件や手続きには不透明の部分が多く、ＳＮＶが取得した共有地登録も一時的なものに過ぎないが、今後、事例が蓄積されることで、共有地登録の効果や課題などが明確になってくるものと思われる。

3　ウドムサイ県パクベン郡ホアイカセン川水源林保全事業

現在、ラオスにおける法制度を考えた場合、村人の農地・森林利用の権利を法的に強化する方法としては、（1）個別世帯の土地利用権登録（Individual Land Titling）、（2）共有地登録（Communal Land Titling）、（3）村の領地内に「農業利用地域」を設定し、ローカル・コミュニティの土地利用を担保すること、という三つが考えられる。このうち、共有地登録については、次節で述べるように、これまで利用林や保全林に対して交付されてきたが、農地に交付されたのは一事例に留まり、焼畑地への適用の事例はない。今の段階では十分な議論が尽くされておらず、現実的ではないと考える。筆者が関わってきたメコン・ウォッチの事業のなかで試みられたのは三つ目のアプローチである。

ラオスの山岳部における土地・森林管理のあり方の一事例として、メコン・ウォッチの水源林保全事業のアプローチを紹介しながら、土地・森林管理制度の改善に向けてNGOが果たし得る役割を検証したい。

（1）ホアイカセン川水源林保全事業の概要

メコン・ウォッチは、ラオス北部ウドムサイ県パクベン郡において、二〇〇五年度から二〇一二年度まで、ラオス国立大学林学部およびパクベン郡農林事務所と協力して、水源林の利用と保全に関する調査研究と政策提言活動を行ってきた。

図1に示した二〇〇七年二月の村人と行政官による問題分析は、この活動の一環として行われた。そこで明らかになったのは、村人の土地利用の実態を理解したうえで、村人が参加できる土地利用・森林保全の仕組みを作る必要があるということだった。その後、森林保全と村人の生産活動を両立させる水源林管理を目指し、（1）水源林管理委員会の設置と活動支援、（2）土地・森林区分のやり直しの支援、（3）水源林の環境モニタリング、（4）村人や地方行政官を対象とした環境トレーニングやスタディーツアーの開催、（5）焼畑民の暮らしや土地・森林利用に関する映像の制作、等の活動を実施してきた。

事業の主な経緯を表7に示した。二〇〇五年度からラオス国立大学林学部およびパクベン郡農林事務所との共同調査が本格的に開始され、ホアイカセン川水源林地域において、資源管理政策が地域住民の土地・森林利用に与えた影響が明らかになった。そこで、対象地域をホアイカセン川水源林地域に絞り、地域住民の生活と両立する森林管理のあり方についての事例調査や議論が行われた。

表7　メコン・ウォッチの住民参加型水源林管理事業の経緯

年月	経緯
2000～2004年	公益財団法人地球環境戦略研究機関（IGES）の森林保全プロジェクトに事務局長（当時）が客員研究員として参加。
2004年7月	IGESのプロジェクトの対象地の一つであったウドムサイ県パクベン郡を、筆者がIGESの研究員と共に訪問。
2005年	ラオス国立大学林学部の協力を得て、パクベン郡において、メコン・ウォッチ独自で、土地・森林管理の問題についての調査を開始。
2006年	筆者がプロジェクト・コーディネーターとしてラオスに駐在し、ラオス国立大学林学部、パクベン郡農林事務所との共同調査を進める。ホアイカセン川水源林の土地・利用問題に焦点を絞る。
2007年10月	ホアイカセン川水源林管理委員会設立を決定。
12月	同委員会の設立および水源林保全規則の策定。
2008年3～7月	N村（P村と旧N村の合併村）で土地・森林区分の見直しを実施。
2009年7月	Y村で土地・森林区分の見直しを実施。
2010年	その他2村で水源林に重なる土地の土地・森林区分の見直しを実施。
2011～2012年	フォローアップ・評価活動を実施。
2013年3月	プロジェクト終了。

出所：筆者作成。

二〇〇七年一〇月には、水源林に土地を持つ八村の代表者と水源林管理に関わる部署の地方行政官からなる水源林管理委員会の設立が決定され、各村での準備会合と委員の選出を経て、同年一二月に「ホアイカセン川水源林管理委員会」が設立された。同委員会の村落メンバーは各村で選出された代表者三名、[22]行政官メンバーは委員長の副郡長を筆頭に、郡農林事務所、郡の共産党本部、郡土地事務所、郡女性同盟、郡計画課、郡鉱業エネルギー局、郡観光課から各一名が選出された。

それまで村人と行政官らは、土地・森林利用に関する問題を議論する場を持たなかった。しかし、委員会の設立によって毎年の森林保全と土地利用の計画を話し合い、土地利用をめぐる村同士や村と行政とのトラブルに対処できるようになってきた。たとえば、以前は水源林での焼畑は一律に禁止されていたが、委員会の設置後は、その年に水源林内に焼畑を確保する必要がある村は、委員会に土地利用計画を提出することになった。委員会が制定した水源林管理規則に基づき、委員会の会合で他の村や郡がその土地利用計画を認めれば、水源林内の一部で焼畑を行うことが可能である。村人は、川沿いや水源周囲の森は保全するなど村と郡が決めたルールを守れば、違法な焼畑を行う必要がなくなったのである。

水源林内での無秩序な土地利用に手をこまねいていた郡当局にとっては、水源林が「管理された」状態となり、面子を失うことなく、水源林内での地域住民による焼畑を認めることができた。一方、地域住民にとっては罰則規定が強化されるなど不便が生じることになった反面、これまで全面的に禁止されていた水源林での焼畑が、水源林内の農業利用地域で認められるようになり、七～八年の焼畑サイクルを維持できる農地を得ることができた。環境保全という観点からも、水源近くの森林が保全されることで、環境への悪影響を実質的に防ぐことができるようになった。同事業では、二〇〇七年から水源林内の植生・土壌・水質・水量の調査を実施してきたが、環境への大きな悪影響は検出されていない。

（2）地域住民の慣習的土地利用を内包する「線引き」

二〇〇八～二〇〇九年には、それまでに村の土地利用の実態を反映していない土地・森林分配事業が行われた二村（P村と旧N村が合併した新N村、およびY村）を対象に、土地・森林の再区分が行われた。

表8、表9は各村で行われた二回の土地・森林分配事業について、区分された農地面積を比較したものである。一回目の土地・森林分配事業実施時には、精度の高いGPSなどの器材がなく、担当の行政官のGIS（地理情報システム）の扱い能力も低かったため、数値が正確ではない可能性が高いが、少なくとも、どちらの村でも焼畑が主要な生計手段であることが認識されながら、焼畑サイクルを維持するのに必要な農地が配分されなかった。メコン・ウォッチが支援した区分のやり直しの際には、七年間の焼畑サイクルを維持したうえで、将来の人口増加に備えて予備の農地を確保できるように農地が配分された。

N村とY村の二村で行われた土地・森林の再区分においては、個別世帯への土地利用権交付も共有地登録も実施せずに、村の領地内に「農業利用地域」を設定するというアプローチが採用された。つまり、今年の「農地」も、外部

表 8　土地・森林分配事業で分配された農地（N 村）

	家族数	必要な農地（単位：ヘクタール）	農地割当面積（単位：ヘクタール）
一回目の土地・森林分配事業（2000 年）	106	1,113	416.08
二回目の土地・森林分配事業（2008 年）	106	1,113	1,878.00

※ 1　一回目の土地・森林分配事業は、合併前に旧 P 村、旧 N 村でそれぞれ別に行われたため、データは両村の数値を合計したもの。
※ 2　家族数、農地はそれぞれ土地・森林分配事業実施時のデータである。
※ 3　「焼畑サイクル」については、筆者による各村でのインタビューから、この地域で十分な収穫を得るのに最低限必要と村人が考えている耕作＋休閑期間を 7 年と見積もった。
※ 4　「必要な農地」は、焼畑サイクルを 7 年とし、1 家族あたり、年間 1.5 ヘクタールの土地を使用するという想定で概算。
※ 5 2000 年当時、パクベン郡農林事務所には、十分な器材がなく、行政官の GIS（地理情報システム）の取り扱い能力も低かったため、数字は必ずしも正確ではない。
出所：村人へのインタビュー、パクベン郡農林事務所の資料より筆者作成。

表 9　土地・森林分配事業で分配された農地（Y 村）

	家族数	必要な農地（単位：ヘクタール）	農地割当面積（単位：ヘクタール）
一回目の土地・森林分配事業（2000 年）	54	567	312.2
二回目の土地・森林分配事業（2009 年）	82	8,610	1,305.64

※ 表 7※2 ～ 5 に同じ。
出所：村人へのインタビュー、パクベン郡農林事務所の資料より筆者作成。

の人には「森」に見える焼畑休閑地も引っ括めて「農業利用地域」に区分された。共有地登録と異なり、土地利用権利証は発行されないものの、村の農地として記載され、村に管理が託される。こうすることで、公的な土地管理制度のなかで、循環型の焼畑耕作を営むことが可能になる。毎年、合議制で焼畑地の選定を行い、各世帯に農地を分配するという慣習的な土地利用のシステムを、土地管理制度のなかに取り込んだのである。

一方、郡からの要望があったのにも関わらず、個別世帯への土地利用権交付を行わなかった理由として、第四節で見てきたように、換金作物の市場へのアクセスが限られており、当面のところ焼畑が中心的な生計手段であるパクベン郡の山岳部のような地域では、個別世帯への土地利用権交付によるメリットが見込めず、かえって土地・森林利用の混乱を招く危険性が高いと判断したためである。共有地登録を実施しなかった理由としては、二〇〇八～二〇〇九年当時には、まだ共有地登録の制度化が行われていなかったことがあるが、第四節で述べたように、筆者としては焼畑地の共有地登録については、慎重な立場を取っている。

そこで、休閑地を含めて適正な焼畑サイクルに必要な「農地」を確保すること、それぞれの村人の特色に沿って森林管理が行われるように、村が主体となって土地を管理できる権利を法的に認めていくことを目指して、土地・森林区分のやり直しが行われた。その際、人口増加や土地利用が新たに変化することを前提とし、柔軟に変更することが可能な区分になるよう考慮された。

地図3、地図4は、Y村で実施された二回の土地・森林分配事業の地図を比較したものである。二〇〇〇年に郡農林事務所によって作成された地図を見ると、道路より西側のホアイカセン水源林は全て保全林に指定されている。森の年数を考慮して焼畑サイクルを維持するのは難しいことが容易に推察できる。二〇〇八年の土地・森林区分の見直しが行われた際には、川の周辺や水源などを保護林・保全林として囲い込む一方で、水源林内に農業利用地域が設けられ、焼畑耕作が認められるようになった。

土地・森林分配事業を通じて、村の境を確定することで、外から入ってくる投資や開発に対して、村の権利を法的に保証することがある程度可能になる。水源林内であっても、適切な焼畑サイクルの維持に必要な土地を村の「農地」として区分することで、そこでの焼畑を合法化し、村人が利用できるようにする。その上で、「農地」の使い方は村に委ね、柔軟な土地利用が実現することを目指している。一方、水源林でも保護林や保全林として守るべきところは的確に区分し、毎年の土地利用を村と郡が話し合う機会を作ることで、郡当局は「水源林を管理下に置いている」と面目を保つことができる。この再区分が機能すれば、郡は違法な焼畑の取締りをする必要もなくなり、水源の保全に必要な森林も守られることになる。

メコン・ウォッチが同事業で試みたのは、焼畑民の従来の土地利用のシステムを公的な土地・森林制度に内包するというアプローチであった。

4　政府と住民の調整役としてのＮＧＯの役割

水源林管理委員会の設置と土地・森林区分の見直しによって、それまで禁止されていた水源林内での焼畑が公式に許可され、地域住民の土地利用の権利が認められたことは、同事業の成果だと言える。しかし、事業開始当初は、水源林内での焼畑の許可は到底、不可能なものに思われた。それを可能にしたのは、郡行政官と地域住民、中央政府と地方政府のコミュニケーションのギャップを埋める「よそ者」としてのＮＧＯが果たせる調整機能が有効に作用したことだと考える。

二〇〇四年七月、初めて筆者がパクベン郡を訪れた際、当時の郡農林事務所長は、パクベン郡が抱える土地・森林管理の問題として、「郡が決めた土地・森林区分に従わない村人がいる」ことを挙げた。二〇〇五年九月の訪問時にも、同事務所副所長から、「村人の森林保全に関する理解の向上が必要である」として、そのための協力を依頼された。当時のパクベン郡の行政官は、地域住民による違法な土地利用を防ぐためには、「地域住民の教育」と「焼畑に替わる生計手段の創出」が必要であると考えており、そのための協力をメコン・ウォッチに要請した。また、当時の郡長も「遅れた農法である焼畑は廃絶せねばならない」とし、そのための技術支援をＮＧＯや国際機関に期待していた。

一方、二〇〇五年九月に前述のＰ村を訪問した際、筆者のインタビュー対し、Ｐ村の村長Ｋ氏は「（水源林内で焼畑をする以外に）生きていくために他に選択肢がない」と答えた。一方で、「郡の行政官と問題解決のために話し合いを行ったか」と尋ねると、「相談したところで、何の解決にもならない」という答えが返ってきた。その背景には、一九九七年に水源林が制定された後、一九九九年に郡の指令で移転させられる際、移転先での小学校建設や、給水設備の設置を約束されたが、移転から六年が過ぎた当時までその約束が果たされなかったことがある。[23]そのため、村長を初めとする村人たちは、郡当局による不信感を持っていたと推察される。

そのＫ村長は、二〇〇六年一月にメコン・ウォッチの支援で郡農林事務所が開催したパクベン郡の土地・森林利用に関するワークショップの席で、「ダムの水源林が制定されて、私たちの村には使える農地がなくなった」と発言した。郡が実施した政策に対する批判にもつながるこの発言は、かなり思い切ったものだったと思う。裏を返せば、彼らがそれだけ切迫した土地問題を抱えているということだろう〔東 二〇〇九〕。このK村長の発言が、会議に出席していた副郡長をはじめとする郡の行政官にとっても、メコン・ウォッチにとっても、ホアイカセン川水源林の土地・利用をめぐる問題の深刻さと対策の重要性を認識する機会になった。NGOが「場」を作ることで、村人が郡の行政官に対して、自分たちが抱える土地利用の問題を直接訴えることになり、郡としても、公式な席でこうした発言を聞いたことで、対処に向けて動き出すきっかけとなった。

一方、「焼畑の廃絶」と「水源林の保全」を掲げる郡当局が、一度制定された水源林内での焼畑耕作を含む土地利用を認めるようになるまでには、議論の積み重ねが必要だったが、そのなかでも特に中央政府と地方政府の認識のギャップを埋めるアプローチが功を奏した。ここでは、二〇〇七年七月四日にパクベン郡農林事務所で開催された「パクベン郡の土地・森林分配事業に関する意見交換会合」の議事録から、議論の一部を紹介する。会議には、パクベン郡長、県農林局森林課副課長、郡農林事務所長および担当官、郡土地管理事務所、ラオス国立大学林学部長、同学部教官、中央の林野局森林情報管理・計画課職員、前述のADBの「焼畑安定化プロジェクト」の担当スタッフであったファパン県農林局職員、国立農林業研究所（NAFRI）の職員、メコン・ウォッチのコーディネーターである筆者が参加した。以下、議事録の抜粋である。

O氏（パクベン郡郡長）：郡としては、水源林は今後も継続して保全していく必要があると考える。

筆者（メコン・ウォッチ）：水源林内の土地が農地として使われている場合、どのような森林保全のあり方が考えられるのか。

I氏（パクベン郡土地管理事務所長）：環境保全のため、水源林内の土地は農地として使うべきではない。

S氏（林野局森林情報管理・計画課）：水源林管理は、（1）村の居住地が水源林内にある場合、（2）居住地は水源林の外だが、水源林内の土地が農地として利用されている場合、（3）水源林に農地が隣接している場合、（4）狩猟採取などに利用されている場合、などの条件に分け、地域の状況に合った管理計画が作られるべきだ。水源林内の土地を農地として利用する必要がある場合、詳しい調査を行い、地図を作成したうえで、水源林のなかのどこは確実に保全し、どこは農地として利用が可能なのかを区分する必要があるだろう。

P氏（フアパン県農林局／元ADB「焼畑安定化プロジェクト」担当官）：現状では、水源林は全く守られていない。水源林保全の規則を整備する必要がある。一方で、規則の下では水源林内での焼畑を許可してもいいのではないか。今のところ、天然の茶葉の採取・販売など非木材林産物の採取は副次的な収入源にはなっても、焼畑に替わる職業の道筋は立っていない。

S氏：先ほど、土地管理課の方から、水源林内の農地は農地として使うべきではないという発言があったが、（他に農地が確保できないのであれば）農地として利用できる方法を探る必要がある。

B氏（ウドムサイ県農林局）：農地は各世帯に分配すべきだ。それが県の方針である。

P氏：今の状況で、各世帯への土地利用権登録を行うと、混乱が生じる可能性もある。フアパン県での経験では、村ごとの条件に合わせ、土地・森林分配の方法を選択した。個別世帯の土地利用権登録を行う場合でも、最初に農地と森林を区分し、その後、状況を見て、世帯への土地利用権交付までを行う方法もある。各村の条件に応じてアプローチを選択することで、効率的な資金や時間の配分が可能になり、地域住民にとっては、より現実に合った土地利用が可能になる。

V氏（パクベン郡農林事務所長）：土地・森林分配事業の目的は、焼畑を安定した職業に転換させることだ。焼畑は非持続的な生計手段である。

S氏：中央政府内でも「持続的な焼畑とは」という議論が行われているところだ。全ての焼畑を禁止するのは現実的ではない。農地として定められたエリア内で行われている焼畑は認められるべきだ、というのが中央で行われている議論だ。

S氏：二〇〇七年五月に開催された中央政府の会議で、土地・森林分配事業は、地域住民の生活の向上につながるものでなければならないということが改めて確認された。村落移転を実施する際には、新しい移転地で農地が十分に確保されるか、どうやって生計を立てるかといった詳細な計画を事前に立てる必要がある。

（出所：二〇〇七年七月四日にパクベン郡農林事務所で開催された会合議事録〈メコン・ウォッチ作成〉より筆者が抜粋・翻訳した。）

この議論のなかで、（1）焼畑を生計手段として認めることの是非、（2）水源林内の土地の農地としての利用の可否、（3）土地・森林分配事業の目的と方法、などについて議論が行われた。林野局のS氏、ファアパン県農林局のP氏は、共に土地・森林分配事業について実践の経験・知見があり、中央政府で行われている土地森林利用計画をめぐる議論にも通じている。中央政府の行政官および他地域で経験のある地方政府の行政官と、経験に基づいた意見を交わすことで、最初は頑に水源林内での焼畑の禁止を主張していた郡の行政官が、態度を軟化させ、他地域の事例を参考にしながら、水源林内の土地利用の許可を伴う水源林管理事業に本腰を入れて取り組むきっかけが作られた。前述のように、この会合から三カ月後の二〇〇七年一〇月の郡の行政官の会合で水源林管理委員会の設置が決定され、一二月には、P氏の協力でファアパン県サムヌア郡の事例を参照しながら、「ホアイカセン川水源林管理規則」が制定された。

水源林管理委員会の制定後は、村で話し合われた土地・森林利用に関する問題について、水源林管理委員会の村落メンバーが郡農林事務所で開催される年次会合で報告し、解決策を議論するということが、毎年行われてきた。

土地・森林分配事業によって土地利用が制限され、住民が土地不足の問題を抱えるパクベンにおいてメコン・ウォッチが行ったことは、国家の制度を否定することではなく、住民の視点に立って制度を利用することで、問題の改善につなげることであった。

ＮＧＯや国際機関が、森林制度をめぐる利害関係から完全に自由でいられるとは限らない。しかし、それでもラオスの土地・森林管理政策の改善に一定の役割を果たせると考えている。事業規模の大小の差はあれ、ある程度の活動資金を持っており、言論の自由が制限されている社会主義国ラオスにおいても各アクターの間を自由に行き来でき、ある程度の政治的な自由度を持っているからである。

ＮＧＯが果たす第一の役割は、各アクターのコミュニケーションの食い違いを埋めることである。たとえば、メコン・ウォッチの森林保全事業は、それまで対等な議論の場を持つことがなかった村人と行政官が同じ場で議論し、村が抱える土地利用の問題、その原因、解決方法についての共通理解を作るところから始まった。さらに、中央と地方の行政官が議論する場を作ることで、地方行政官と中央政府の政策をめぐる考え方の食い違いを埋め、郡レベルで実施されている森林保全制度の目的を修正することを試みた。

第二の役割は、政府と住民の政治力のバランスを調整することである。地方行政官と村人からなる水源林管理委員会が作られたことで、村人が参加可能な森林管理の仕組みを郡の行政機能の一部に組み込めた。水源林の確保が優先され、土地・森林分配事業が土地利用の混乱を引き起こしてきた村では、村人の土地利用の実態を調査し、それを反映させた土地・森林区分の見直しがおこなわれていた。これにより、村人による柔軟な土地利用のやり方が政府の制度に取り込まれつつ、持続的な森林保全と生産活動の両立が目指されている。

おわりに

二〇一三年三月、メコン・ウォッチの水源林管理事業が終了した。そのなかで、対象村は新たな課題に直面している。その一つが、村人自身による換金作物栽培への投資の拡大である。二〇一〇年以降、パクベン郡では中国企業との契約によるハトムギ栽培が拡大している。二〇一二年、Y村では、八二家族中七〇家族が、合計で三四ヘクタールのハトムギ栽培を開始していた。二〇一四年二月にメコン・ウォッチとパクベン郡農林事務所が行った調査では、チョムレンノイ村でも、四二世帯中三七世帯がハトムギ栽培を行っていた。また、換金作物として飼料用のトウモロコシを栽培する村人もいる。さらに、二〇一四年二月にパクベン郡農林事務所と村人にインタビューを行ったところ、双方とも換金作物として「マークナムマンクア[24]」と呼ばれ、食用・美容用オイルなどに加工されるツル性植物の導入に高い関心を持っていた。

ウドムサイ県では、二〇〇四年に飼料用トウモロコシの栽培ブームが起こり、続いて中国企業との契約によるゴム植林が拡大した。そのなかで、多くの焼畑地が換金作物栽培や産業植林用地に転換されていった。さらに、二〇一二年以降は、中国企業の投資によるバナナやスイカの栽培が拡大している。こうした換金作物栽培や産業植林は、地域住民に現金収入をもたらす可能性がある一方で、連作や大量の農薬散布による土壌劣化の懸念を伴う。土地の生産性が低下したり、作物の市場価格が下落したりしたとして、村人が再び米などの食料を栽培したいと考えたとしても、土壌の劣化によって、土地利用の再転換が難しい可能性は高い。

メコン・ウォッチが支援した土地・森林の再区分は、少なくとも七年の焼畑サイクルを維持することを目指して実施された。しかし、もし村人が同じ面積の農地を焼畑による陸稲栽培と換金作物栽培に使うようになれば、必然的に焼畑サイクルは短縮され、土壌劣化やそれに伴う生産性の低下を引き起こすだろう。

焼畑農業は、植生が回復するのに十分な休閑期間を伴って実施されれば、持続的な農法であり、二次林の生物多様性の維持に貢献し、地域住民のフードセキュリティを支えてきた。筆者自身は、こうした焼畑の価値は再評価されるべきであると考えるし、焼畑民によって何世代にもわたって伝えられてきたその土地の文化と、同時に在来種の多様性が失われつつある現状を湯虜している。

一方、ラオスでは、人口増加や換金作物栽培への転換といった村の内部の要因と、村落移転政策、大規模インフラ開発、産業植林といった外的な要因によって、地域住民の土地利用は大きく変化しつつあり、焼畑に使える土地が減少することで、「持続的な」焼畑を営むことはますます難しくなってきている。ラオス政府は、自給的な焼畑農業から換金作物栽培への転換を奨励しているが、市場価格の変動や天候による収量の増減、将来の土壌劣化といったリスクを考慮せずに、換金作物への転換を図れば、地域住民の食料安全保障は大きく脅かされることになる。一方で、地域住民にとって現金収入の必要性が高まるなかで、換金作物栽培を完全に否定することはできない。焼畑農業を継続するにしても、他の土地利用を取り入れるにしても、適切な情報に基づいて、住民自身が地域に適した土地利用を選択できるようになることが重要である。フードセキュリティの確保という観点からの現実的な方向性としては、米を中心とする自給用作物の栽培のための焼畑農業と、生活の安定・向上のために現金収入を得る手段としての換金作物栽培を組み合わせる「二重経済（dual economy）」の必要性が増してくるだろう。焼畑の面積を一定程度は維持しながら、いつでも後戻りできる（つまり、市場価格の動向などによって、換金作物栽培による十分な利益が見込めない場合には食糧生産に戻せる）形での土地利用を模索していくことが、焼畑民の持続的な土地利用とフードセキュリティの確保を実現する鍵となるのではないだろうか。

注

(1)「カム」とも表記されるが、本書は、ラオスにおける同民族に関する研究の第一人者スックサワン・シーマナ氏の表記「ກຶມຫມຸ／Kmhmu'」に従って「クム」と表記する。
(2) メコン・ウォッチのウェブサイト（http://www.mekongwatch.org/activity/laosforestry.html）参照。
(3) 本書で紹介するコラムは、ラオスで発行されるフリーペーパー「テイスト・オブ・ラオス」に筆者が連載したものを、加筆・修正したものである。
(4) 本書では、調査対象者のプライバシーを考慮して、村の名前は匿名とする。
(5) パクベン郡農林事務所の資料（二〇一三年二月閲覧）より。
(6) P村は、N村との合併後、行政上はN村の中の一集落となっているが、本書では、P集落をP村と表記する。
(7) 郡が発行する戸籍簿（プム・サムマノークア）に基づく「コップクア」を「家族」と訳し、一軒の家（ランカー・フアン）に暮らす集団を「世帯」と表記する。
(8) 二〇〇八年に採択された「民族呼称ならびに民族数に関する国民議会決議第二一三号」。
(9) ラオ語の「カー」には、「奴隷」「殺める」という意味があり、蔑称であるため、一般にクムの人びと自身はこう呼ばれることを好まない。
(10) メコン・ウォッチ制作（二〇一〇年）のドキュメンタリー作品『森の価値、人の価値——ラオスのカム民族と焼畑農業』（http://www.youtube.com/watch?v=hiUkjReeNQs）より。
(11) 土地・森林分配事業によって土地の利用権が個人または各世帯／家族に委譲され、永久土地利用権（Permanent Land Certificate）が交付されるまで、法律上は土地利用権の売買は認められていない。しかし、行政によるコントロールの範囲外で村人同士による土地の売買は慣習的に行われてきた。
(12) ガロン（gallon）とは、ヤード・ポンド法の体積の単位。ラオスでは地域によって米を計る単位は異なるが、パクベン郡では一般にガロンが使われている。
(13)「焼畑抑制」「焼畑安定化」と訳されることもあるが、ラオ語では、「ガーン・ユティ・ターング・パー・ヘット・ハイ」と記載される。「ユティ」は、「根絶・撲滅」を意味するため、本書では、引用文を除いては「焼畑撲滅」と記載する。
(14) しかし、実際の運用となると、七段階目の普及活動は滞りがちで、NGOや国際機関などドナーが支援している地域でしか実施されてこなかった［Soulivanh et al.2004］。続く、モニタリング・評価もほとんど実施されないことが指摘されてきた［Soulivanh et al. 2004, Fujita and Phanvilay 2004］。

(15) 国立農林業普及局（NAFES）焼畑安定化課の職員へのインタビュー（二〇〇九年九月一四日）より。
(16) 二〇〇七年の森林法改定で、森林区分は、保護林、保全林、生産林の三区分に変更された。
(17) 村落移転と合併が創り出した二村の間の土地問題はその後も残り、二〇〇七年にはN村がP村に対して、P村の居住地建設のために失った土地の補償を要求し、最終的にP村が補償として水牛をN村に渡すということも起きている。
(18) ただし、電力が供給されたのは郡の中心部の一部だけで、ホアイカセン川流域の村はダムの恩恵を全く受けていない。さらに、現在はダムの発電機が故障し、発電は中止されている。
(19) P村の村人へのインタビュー（二〇〇九年五月一四日）より。
(20) 二〇〇七年六月一四〜一六日、フアパン県サムヌア郡において、ADBのプロジェクト事務所および同プロジェクトの対象村を訪問し、聞き取り調査を行った。
(21) 例えば、同マニュアルの策定プロセスに土地問題ワーキンググループ（LIWG）のメンバーとして、積極的に関わってきたJVCやCIDSE-LaosなどのNGOは、同マニュアルを活用した住民参加型の土地利用計画策定を支援してきた。
(22) 設立当初は男性しか委員に選出されなかったが、二〇〇九年から各村の委員には最低一名は女性を含めることが定められた。
(23) 二〇〇六年にP村とN村が合併された後、二〇〇七年に小学校が建設された。
(24) 学名 Plukenetia volubilis。一般には、サチャインチ（Sacha Inchi）と呼ばれ、主にペルー・アマゾン上流域で栽培されているトウダイグサ科の常緑ツル性植物。

参考文献

赤阪むつみ
一九九六 『自分たちの未来は自分たちで決めたい』東京：日本国際ボランティアセンター。
大矢釼治
一九九八 「森林・林野の地域社会管理——ラオスにおける土地・林業分配事業の可能性と課題」環境経済・政策学会編『アジアの環境問題』東京：東洋経済新報社、二六五—二七八。
北村徳喜
二〇〇三 「森林の利用と保全」西澤信善・古川久継・木内行雄編『ラオスの開発と国際協力』東京：めこん、二〇九—二三五。
佐々木高明
一九八九 『東・南アジア農耕論——焼畑と稲作』東京：弘文堂。

シーマナ、スックサワン（著）／吉田香世子（編訳）
二〇〇五「カム：森の生活――ラオスの先住民」綾部恒雄監修／林行夫・合田濤編『講座　世界の先住民族――ファースト・ピープルズの現在02――東南アジア』東京：明石書店、一七五―一九八。
竹田晋也
二〇〇三「熱帯林の撹乱と非木材林産物――東南アジアのフタバガキ林と樹脂生産」池谷和信編『地球環境問題の人類学』東京：世界思想社、一二〇―一四〇。
二〇〇八「非木材林産物と焼畑」横山智・落合雪野編『ラオス農山村地域研究』東京：めこん、二六七―二九五。
名村隆行
二〇〇六「土地や森林を巡る問題――カムアン県の事例」メコン・ウォッチ編『フォーラム Mekong Vol.8 No.1』東京：メコン・ウォッチ、三―六。
二〇〇八「土地森林分配事業をめぐる問題」横山智・落合雪野編『ラオス農山村地域研究』東京：めこん、二〇三―二三一。
橋尾直和
二〇〇七「土佐の焼畑とその復興運動」東北文化センター編『季刊東北学』東京：柏書房、一一：一二七―一四三。
東　智美
二〇〇九「森と農地を分断する『はかり』――ラオスの焼畑民のくらしと土地・森林委譲事業」メコン・ウォッチ編『「はかる」ことがくらしに与える影響』東京：メコン・ウォッチ、二九―六四。
二〇一〇「森林破壊につながる森林政策と「よそ者」の役割」市川昌広・内藤大輔・生方史数編『熱帯アジアの人々と森林管理制度――現場からのガバナンス論』東京：人文書院、六六―八四。
東　智美・松本　悟
二〇〇九「『はかる』ことがくらしに与える影響」メコン・ウォッチ編『「はかる」ことがくらしに与える影響』東京：メコン・ウォッチ、一〇九―一一三。
広田　勲
二〇〇八「北部ラオスにおけるカムの伝統的焼畑システムの現在」日本熱帯生態学会『日本熱帯生態学会ニューズレター』七〇：一―六。
百村帝彦
二〇〇五「ラオスの土地森林分配事業に対する地域住民の対応――サワンナケート県の丘陵地域における事例」林業経済学会『林

業経済研究』、五一（二）：七九―八八。

藤田　聡
二〇一二　「ラオスにおける森林保全及び持続可能な資源利用に関する各種施策」日本森林技術協会『森林技術』八四八：三四―三八。

松本　悟・P・ハーシュ
二〇〇三　「メコン河流域国の森林消失とその原因」井上真編『アジアにおける森林の消失と保全』東京：中央法規、一三二―一四八。

宮本常一
二〇一一　『山に生きる人々』東京：河出書房新社。

森本隆司
二〇〇四　『焼畑抑止政策に対する村人の生計戦略――ラオス北部ウドムサイ県パクベン郡を事例として』東京大学大学院農学生命研究科修士論文。

山田紀彦
二〇一一　「ラオス人民革命党支配の確立――地方管理体制の構築過程から」山田紀彦編『ラオスにおける国民国家建設――理想と現実』東京：アジア経済研究所、四九―九〇。

横山　智
二〇〇四　「森林利用と森林管理の視点から見た東南アジアの焼畑」『自然と文化』七六：八―一一。
二〇一三　「生業としての伝統的焼畑の価値――ラオス北部山地における空間利用の連続性」京都大学ヒマラヤ研究会『ヒマラヤ学誌』一四：二四二―二五四。

Baird, Ian B. and Shoemaker, B.
2005　*Aiding or Abetting?: Internal Resettlement and International Aid Agencies in the Lao PDR*. Tront: Probe International.

Department of Forestry, Ministry of Forestry and Agriculture of the Lao PDR (DoF-MAF)
2005　*Forest Strategy to the Year 2020 of the Lao PDR*. Vientiane.

Department of Statistics of the Lao PDR (DoS)
2005　*Results from the Population Census 2005*. Vientiane.

Ducourtieux, Oliver, J. Laffort and S. Sacklokham

2005 "Land Policy and Farming Practices in Laos". *Development and Change* 36(3): 499-526.

Evrard, Oliver and Y. Goudineau

2004 "Planned Resettlement, Unexpected Migrations and Cultural Trauma in Laos". *Development and Change* 35(5): 937-962. International Institute of Social Studies, The Hague.

Food and Agriculture Organization (FAO)

2001 *Global Forest Resources Assesment 2000 Main Report,* Rome

Fujita, Yayoi and K. Phanvilay

2008 "Land and Forest Allocation in Laos: Comparison of Case Studies from Community-Based Natural Resource Management Research". *Society and Natural Resources,* 21: 120-133.

Fujita, Yayoi and K. Phengsopha

2008 "The Gap between Policy and Practice in Lao PDR". C. Colfer, G. R. Dahl and D. Capistrano eds. *Lessons from Forest Decentralization: Money Justice and the Quest for Good Governance in Asia-Pacifi:* 117-131. London: Earthscan.

Government of Laos

2007 *Instruction No. 13/PM on Building Villages and Village Development Clusters.* Vientiane.

Hackman, Richard

2010 *Mekong Watch Laos-External Evaluation: The Community-Based Watershed Management Project in Pak Beng District, Oudomxay Province.* Vientiane: Mekong Watch.

Higashi, Satomi

2015 "Alternative Approach to Land and Forest Management in Northern Lao PDR" Erni, Christiane ed. *Shifting Cultivation, Livelihood and Food Security: New and Old Challenges for Indigenous People in Asia.* Bangkok: The Food and Agriculture Organization of the United Nationsand International Work Group For Indigenous Affairs and Asia Indigenous Peoples Pact: 253-290.

Lao Consulting Group Ltd.

2006 *Report on Land Use Planning and Land Allocation. Experiences and Best Practices Arising from SCSPP.* Vientiane: the Asian Development Bank (ADB).

Land Issues Working Group

2012 *Communal Land Titling and Registration Policy Recommendations – Lessons from the Field.* Vientiane.

Ministry of Agriculture and Forestry (MAF)

1999 *The Government's Strategic Vision for the Agricultural Sector.* Vientiane.

2005 *Forestry Strategy to the Year 2020 of the Lao PDR.* Vientiane.

Ministry of Agriculture and Forestry (MAF) and National Land Management Authority (NLMA)

2010 *Manual: Participator Agriculture and Forest Land Use Planning at Village and Village Cluster Levels.* Vientiane: Ministry of Agriculture and Forestry and National Land Management Authority.

Moizo, Bernard

2004 "Implementation of the Land Allocation Policy in the Lao PDR: Origins, Problems, Adjustments and Local Alternatives". LSUAFRP Lao-Swedish Agriculture and Forestry Research Programme. *Poverty Reduction and Shifting Cultivation Stabilisation in the Uplands of Lao PDR: Technologies, Approaches and Methods for Improving Upland Livelihoods,* pp. 103-116. Luang Prabang.

Phengsopha, Kaisone and T. Morimoto

2003 "Local Forest Management and Strategies in Northern Laos Following Government Intervention". Institute for Global Environmental Strategies. *Towards Participatory Forest Management in Laos: Laos Country Report 2003;* 1-11.

Roder, Walter

2001 *Slash-and-Burn Rice Systems in the Hills of Northern Lao PDR: Description, Challenges and Opportunities.* Manila: International Rice Research Institute.

Scott, James C.

1976 *The Moral Economy of the Peasant: Rebellion and Subsistence in Southeast Asia.* New Haven: Yale University Press.

Seidel, Katrin, et al.

2007 *Study on Communal Land Registration in Lao PDR.* Vientiane: Lao-German Land Policy Development Project. German Technical Cooperation (GTZ).

Soulivanh, Bouakham, et al.

2004 *Study on Land Allocation to Individual Households in Rural Areas of Lao PDR.* Vientiane: Sector Project Land Management. German Technical Cooperation (GTZ).

Souvanthong, Pheng

1995 *Shifting Cultivation in Lao PDR; An Overview of Land Use and Policy Initiatives.* London: International Institute for Environment and

Development (IIED).

Simana, Suksavang and E. Preisig

1998 *Kmhmu' Livelihood: Farming the Forest.* Institute for Cultural Research, Vientiane.

2006 "Rice-Based Traditions and Rituals of the Kmhmu'". Schiller, J.M. et al. eds. Rice in Laos, pp.79-106. International Rice Research Institute, Makati City.

Thongmanivong, Sithong and Y. Fujita

2006 "Recent Land Use and Livelihood Transitions in Northern Laos". *Mountain Research and Development*, 26(3): 237-244.

Towards Ecological Recovery and Regional Alliance (TERRA)

2004 "Making money from trees? Commercial Tree Plantations in Lao PDR". Permpongsacharoen, Witoon ed. *Watershed* 9 (3): 19-29 . Bangkok: TERRA.

UNDP

2001 *National Human Development Report Lao PDR 2001:* Advancing Rural Development. Vientiane.

ກະຊວງ ກະສິກຳ ແລະ ປ່າໄມ້

1996 ບົດແນະນຳຂອງ ກະຊວງ ກະສິກຳ ແລະ ປ່າໄມ້, ເລກທີ 822/ກປ ເດືອນ ສິງຫາ 1996, ວ່າດ້ວຍ ການມອບດິນທ-ມອບປ່າ ໃຫ້ປະຊາຊົນຄຸ້ມຄອງ ແລະ ນຳໃຊ.（ラオス農林省　一九九六　「農林省令第八二二号：住民による管理と利用のための土地森林分配について」）

ກະຊວງ ກະສິກຳ ແລະ ປ່າໄມ້

2009 ແຈ້ງການ ຂອງ ກະຊວງ ກະສິກຳ ແລະ ປ່າໄມ້, ເລກທີ 0034/ກປ ເດືອນ ກຸມພາ 2009, ເລື່ອງ: ການກຳນົດປະເພດ ແລະ ນິຍາມ ຄຳວ່າ "ໄຮ່".（ラオス農林省．二〇〇九　「農林省通達第三四号：〝焼畑〟の種類と定義」）

ກົມປ່າໄມ້ - ກະຊວງ ກະສິກຳ ແລະ ປ່າໄມ້.

2012 ບົດລາຍງານ ການສຳຫຼວດອັດຕາການປົກຫຸ້ມປ່າໄມ້ ປີ 2012.（ラオス農林省林野局 . 2012.『森林率調査報告書二〇一二年』.

ແຂວງ ອຸດົມໄຊ

2009 ແຜນຄຸ້ມຄອງສິ່ງແວດລ້ອມແບບຮອບດ້ານ ແຂວງ ອຸດົມໄຊ.（ウドムサイ県　二〇〇九　「ウドムサイ県の包括的環境保全計画」）

あとがき

あるとき、首都ヴィエンチャンの国立大学で開催した「住民参加型水源林保全事業」の報告会に、水源林管理委員会の委員である村人と行政官を招いたことがある。村からパクベンの町までピックアップトラックで一時間、さらに車酔いに耐えながらバンに揺られること二日間をかけて、一行はヴィエンチャンにやってきた。会合が無事に済んでほっとしている村人の一人に「そろそろ奥さんが恋しいんじゃないですか？」と声をかけると、「カミさんはそんなに恋しくないけど、山が恋しいよ。ここには山がない。あるのは高いビルばっかりだ」との返事が返ってきた。「俺たちは山の暮らししか知らない。ここの人たちは、山で米を作ることしかできない俺たちのことを、同じ人間だと思ってくれるだろうか。もしかしたら、こっちの人にはピー（お化け）に見えるんじゃないだろうか」。いつもの冗談にしては真剣な顔でつぶやいた彼に、私は「おじさんたちは、ヴィエンチャンの人が知らないことをたくさん知っているし、私が焼畑について紹介すると、ヴィエンチャンの人も外国人もみんなおじさんたちの知恵に感心するんですよ」と反論してみたが、どこまで分かってもらえただろうか。

私が日本語で村の暮らしや彼らと試行錯誤して実施してきた活動について書くことが、どこまで恩返しになるのかは分からないが、それでも彼らの暮らしと変化、問題解決の道筋について、私なりに考えて伝えることができたらという想いが、博士論文執筆の動機としてあり、本書の執筆にもつながった。

パクベン郡での調査と本書の執筆にあたってお世話になった方々全ての名前はとても紙面に収めることができないが、パクベン郡の村の皆さん、郡農林事務所をはじめとする郡の行政官、ラオス国立大学林学部の先生方、メコン・ウォッチの関係者、プロジェクトのアドバイザーであった東京大学大学院（当時）の井上真先生、大学院の指導教官浅見靖仁先生と研究室の皆さんなくしては、事業を実施することも、博士論文や本書を執筆することもできなかった。松下幸之助記念財団とスカラシップフォーラム委員会の皆様には、貴重な留学と、松下幸之助国際スカラシップフォーラムでの報告、さらにブックレット執筆の機会を与えていただいた。本書の執筆にあたっては、風響社の石井雅社長、ブックレット執筆の同期･先輩方に助けていただいた。皆様に心より感謝を申し上げたい。最後に、育児休業中に本書を執筆するにあたっては、夫スワントーンと生後間もない息子の協力もあったことを書き添えておく。

著者紹介
東　智美（ひがし　さとみ）
1978年、東京都生まれ。
一橋大学大学院社会学研究科博士後期課程修了。博士（社会学）。
現在、特定非営利活動法人メコン・ウォッチのラオス・プログラム担当、及び一橋大学、東京外国語大学非常勤講師。主な論文・著書に「森林破壊につながる森林政策と『よそ者』の役割」（『熱帯アジアの人々と森林管理制度——現場からのガバナンス論』人文書院）、「水資源管理における住民組織の役割——北タイのムアン・ファーイ・システムに関する一考察」（『タイ研究』第4巻）などがある。

ラオス焼畑民の暮らしと土地政策　「森」と「農地」は分けられるのか

2016年10月15日　印刷
2016年10月25日　発行

著　者　東　　智美
発行者　石井　　雅
発行所　株式会社　風響社
東京都北区田端 4-14-9（〒114-0014）
Tel 03（3828）9249　振替 00110-0-553554
印刷　モリモト印刷

ISBN987-4-89489-788-5　C0039